Structures spatiotemporelles
et significations des formes
symboliques
chez Ernst Cassirer

PHILOSOPHIE
épistémologie des sciences humaines et sociales

Collection dirigée par Ali Aït Abdelmalek

Anciennement « Proximités – Philosophie »

La philosophie, l'histoire des sciences, et celle des sciences humaines et sociales, l'histoire des idées et l'épistémologie, forment un groupe de savoirs et de connaissances complémentaires concernant la connaissance dite « savante ». Chacune a, certes, une perspective distincte et nécessite une méthode de travail spécifique, mais une même réflexion peut mobiliser à l'évidence, toutes ces démarches, aussi conceptuelles que méthodologiques, si bien que leur différenciation est de moins en moins possible aujourd'hui.

En effet, les évolutions dans le temps (et dans les espaces territoriaux) sont complexes et le sociologue, par exemple, va s'efforcer de les restituer aussi fidèlement que possible, en vérifiant, à l'instar de l'historien, ses sources. Ainsi, la conceptualisation philosophie n'est pas considérée, ici, comme une construction autonome, mais comme une activité sociale et culturelle, et ce, dans son contexte socio-historique, et ayant de multiples effets et conséquences sur la société et la vie sociale, mais aussi sur les individus et leurs identités plurielles.

Déjà parus dans la collection :

Gérard Le Roux, *Un jour… j'irai philosopher avec les oiseaux*, 2018.
Guy Delaunay, *Blaise Pascal en quête d'une apologétique renouvelée*, 2017.
Bernard Puel, *La pensée du pluriel*, 2020.

Marcellin-Tiberius Kalombo Mbuyamba

Structures spatiotemporelles et significations des formes symboliques
chez Ernst Cassirer

Préface de Ali AÏT ABDELMALEK

Adressez les commandes à votre libraire
ou directement à

Éditions L'Harmattan
5,7 rue de l'École Polytechnique
F - 75005 Paris
Tél : 00[33]1.40 46 79 20
Fax : 00[33]1.43 25 82 03
commande@harmattan.fr
http://www.editions-harmattan.fr

Publié avec le concours de l'Institut de Missiologie
Missio Aachen-Allemagne

ISBN : 978-2-8066-3776-5   D/2023/9202/4

© EME Éditions
10 rue du Poirier
B-1348 Louvain-la-Neuve

Tous droits réservés. Reproduction interdite sauf autorisation expresse.

www.eme-editions.be

« Une philosophie qui n'a aucune relation à la géométrie n'est qu'une demi-philosophie. Une mathématique qui n'a aucune veine philosophique n'est qu'une demi-mathématique. »

Gottlob Frege, *Nachgelassene Schriften I*, p. 293, cité par Gilles Gaston Granger, *La pensée de l'espace*, Paris, Odile Jacob, 1999, p. 9.

In memoriam

À mon père Mbuyamba Nsungumadi Tshinkenke Anaclet-Raymond, dont l'être homme n'a été qu'éphémère sur cette terre (†).

Au Cardinal Laurent Monsengwo Pasinya (†), Archevêque émérite de Kinshasa, dévoué à la science et à l'éducation de la jeunesse congolaise.

À ma mère Kéta Mwena Kay Betty qui m'a appris à croire tout simplement à la vie et à considérer que rien n'est impossible à l'homme.

Préface

Quel plaisir de présenter, dans la collection « Philosophie – épistémologie des sciences humaines et sociales », et de publier, et donc de « rendre publique », la synthèse des travaux philosophiques de Monsieur Marcellin Kalombo Mbuyamba. En effet, la philosophie de l'espace et du temps est une composante de la discipline : elle aborde des questions et des problèmes qui sont intimement liés aux caractères ontologiques et épistémologiques de l'espace et du temps. À noter que la philosophie grecque, à la naissance de la rationalité, au demeurant très exigeante, est apparue, presque par nature, « allergique au temps ». En effet, toujours en quête d'identité et donc d'une permanence susceptible de donner à la pensée philosophique les repères fixes et stables dont celle-ci a besoin, elle a d'emblée fait le pari de « l'Être contre le devenir », à l'instar de Parménide d'Élée, notamment, dont la position s'est affirmée ainsi : « L'Être est, le non-être n'est pas. L'Être est incréé, impérissable, immobile et éternel. On ne peut dire qu'il a été ou qu'il sera, puisqu'il est à la fois tout entier dans l'instant présent, un, continu[1]. » Héraclite d'Éphèse semble avoir été l'un des premiers philosophes à évoquer aussi explicitement le temps et, surtout, à en reconnaître l'« irréductible réalité » ; mais, doit-on ajouter, c'était pour en déplorer non seulement la « fuite » et l'« inconstance » que l'« inintelligibilité » : « Nous nous baignons et nous ne nous baignons

---

[1] J.-P. Dumond, *Les Écoles présocratiques*, Paris, Gallimard, 1991, p. 351.

pas dans le même fleuve » (fragment 12), ou encore, « Le froid devient chaud, le chaud froid, l'humide sec et le sec humide » (fragment 126). Ainsi, le temps tour à tour met en conflit et harmonise les contraires, comme le suggère la pensée complex d'Edgar Morin en particulier, et, à cet égard, la temporalité apparaît bien comme le « moteur universel de la nature », en étant aussi et tout autant un véritable « non-sens », car il contredit les principes logiques d'identité. C'est, probablement, l'une des raisons pour lesquelles Platon, dans la foulée de Parménide et du constat d'Héraclite, introduira la diversité et même l'altérité dans l'Être, dans le cadre de sa théorie des idées. Le philosophe parlera du temps comme « l'image mobile de l'immobile Éternité ». Cette mise en perspective ne serait pas complète si l'on omettait de préciser qu'Aristote a rejeté cette approche d'un « monde transcendant d'Idées intelligibles et éternelles », pour ne s'intéresser, à son niveau, qu'à « la manière dont la matière prend forme dans notre monde immanent de choses ». Car, dans ce monde qu'on dit « en devenir » ou dans cette nature en mouvement et changement perpétuel, tout n'est que puissance, soutient Aristote-physicien !

Dans le présent ouvrage, *Structures spatio-temporelles et significations des formes symboliques chez Ernst Cassirer*, Marcellin Kalombo Mbuyamba a poursuivi la réflexion dans cette voie, en soutenant, avec et après E. Cassirer, que l'homme seul, en tant qu'il est doté d'une âme, peut penser et donc se représenter le temps. Mais, pour autant, personne ne niera que le temps renvoie aussi à une réalité objective. Il reste que Cassirer, comme on pourra le voir tout au long des pages qui suivent, suggère une nouvelle problématique, très aristotélicienne, « psychologique » et non plus « physique », le temps de l'âme se distinguant nettement du « temps de la nature » ; et le « temps de l'homme » du « temps du monde ». Déterminé par la présence, en lui, d'un corps, le temps n'est-il pas, pour l'essentiel, le « présent », le « passé » et le « futur », s'étendant, *a priori*, indéfiniment aux marges de celui-ci. Ainsi en physique, le temps cosmique est celui du « Tout de l'Univers » qui, pris dans le « cycle de l'éternel retour », comme dirait Darwin, se détruit et se régénère périodiquement, pour reprendre, ici, une idée chère au philosophe et sociologue Edgar Morin ! Aujourd'hui, dans nos sociétés modernes contemporaines, la thématique, aussi philosophique qu'idéologique en fait, de l'environnement et de la nature, peut faire penser que l'Homme chercherait l'harmonie dans sa propre vie (et donc, en fait, « vivre conformément à la nature ») ! La physique déboucherait-elle donc sur une éthique ? Rien n'est moins certain, et il faut vouloir que les choses adviennent et les analyser « comme elles sont »… Ainsi, par son effort pour répondre « présent » à tout ce qui arrive et pour accepter et adhérer aux événements, le philosophe – en fait, le « sage » – participe en quelque sorte *hic et nunc* (ici et maintenant) au présent, qu'on dit « cosmique », et par la tension de sa conscience, il dilate infiniment un « instant éphémère », en tentant de « stopper l'hémorragie du devenir », pour profiter, dans ce temps humain, d'une véritable plénitude d'être. Ainsi, d'une donnée naturelle, d'une fatalité aussi, il a fait l'objet d'une reprise morale et psychique, et a converti ainsi un temps marqué par la fuite, voire le non-être, en un bloc d'affirmation de son identité. De plus, chez Plotin aussi, la nature et l'origine du temps ont plus à voir avec « l'âme qu'avec les choses matérielles ». Rappelons à cet égard que Plotin réfute non seulement la théorie aristotélicienne du temps comme « nombre ou mesure », mais il considère même que c'est une erreur de « chercher le temps exclusivement dans le mouvement », car ce dernier n'en est qu'un aspect et, selon lui, pas le plus important.

Mais c'est surtout, afin de présenter et réinterpréter la thèse de Cassirer dans les pages de ce livre, un autre héritier de Platon, le philosophe chrétien saint Augustin, qui va mener à terme une analyse et une définition psychologique du temps. En effet, avec l'avènement du christianisme s'est produit un changement radical de paradigme : au temps « circulaire », qui avait trouvé ses principales références dans les cycles de la nature, s'est substitué un temps « linéaire », plus adapté au récit historique, et, selon le philosophe et théologien, à l'« attente messianique ». Ainsi, le temps des hommes a fait progressivement son entrée sur la scène du monde… entrée suffisamment fracassante qui aurait, sans aucun doute, scandalisé certaines philosophies de l'Antiquité grecque (comme Plotin), qui ne peuvent admettre que le temps ait un commencement et une fin et, entre les deux, une histoire complexe, voire rocambolesque, constituée de fautes diverses, de châtiments multiples, d'alliances, d'incarnation, de rédemption, et même de résurrection et autres événements de même style… Ce sera d'une manière plus radicale encore que saint Augustin ramènera le temps aux dimensions de l'homme. Partant de la division ordinaire du passé, du présent et du futur, il montre nettement et clairement, qu'en lui-même, le « temps n'a pas d'être » : le passé parce qu'il n'est plus, le futur parce qu'il n'est pas encore et « le présent parce que, comme un enfant mort-né, il ne vient à l'être qu'en cessant d'être *ipso facto* » ! L'Homme ne se contente pas d'adhérer passivement au réel tel qu'il lui est donné dans l'instant ; il est actif : a) Il anticipe et attend ; b) il conserve et se souvient ; c) il se fait disponible et attentif. Ainsi, c'est bien par ces trois activités, que, respectivement, le futur, le passé et le présent sont engendrés : « D'où il résulte pour moi que le temps n'est rien d'autre qu'une distension. Mais une distension de quoi, je ne sais au juste, probablement de l'âme elle-même. » (Saint Augustin, *Confessions*, livre onzième, chap. XXVI).

Au final, à l'époque moderne, la philosophie du temps va, *grosso modo*, osciller entre deux pôles : le réalisme, d'une part, et l'idéalisme, d'autre part. Les réalistes vont ainsi conférer au temps (comme à l'espace, d'ailleurs) une existence propre et indépendante de l'esprit humain, alors que les idéalistes récuseront ou, plus précisément, remettront en question son existence indépendante. Centrés sur le statut de l'espace, plus encore que celui du temps, le débat et la discussion philosophique comportent des arrière-plans épistémologiques, par exemple le réalisme du physicien contre l'idéalisme du mathématicien, mais aussi des enjeux théologiques. Notons que, pour Newton, l'espace et le temps font partie – comme l'indique d'ailleurs le titre de son ouvrage fondamental : *Les Principes mathématiques de la philosophie naturelle*, 1687) – des « bases indispensables à toute science de la nature ». En tant que coordonnées permettant de représenter tout phénomène qui se produit dans la nature, ils fournissent en effet à la physique le cadre universel et objectif dont elle a besoin…

Qu'en est-il de la philosophie ? C'est précisément l'objet du livre de Marcellin Kalombo Mbuyamba, dont l'objectif est de montrer comment Cassirer a tenté de conjuguer à sa façon, et ce après Emmanuel Kant, les deux tendances contraires : pour asseoir le réalisme de la science newtonienne, le philosophe va dématérialiser l'espace et le temps. S'interrogeant en effet sur les conditions de possibilité de notre connaissance objective de la nature, il cherche à rendre compte de l'adéquation entre les objets du monde extérieur et les idées qui s'en forment en nous. Ces idées sont construites par l'entendement sur la base des informations fournies par nos sens. Autrement dit, l'expérience que nous avons de la nature et du monde extérieur met en jeu deux opérations : primo, la réception dans la sensibilité des données brutes fournies par les sens ; secundo, l'élaboration de ces données par l'entendement qui en fait des objets de pensée. Or l'espace et le temps sont au cœur de la première de ces opérations…

Tout ce que nous percevons, en réalité, est immédiatement situé, par nous, dans l'espace et dans le temps. De fait, la réception dans la « forme spatiale » imprime, sur le « donné sensible » comme disent les philosophes, une marque d'extériorité : les phénomènes livrés à notre sensibilité sont d'emblée identifiés comme extérieurs à nous et extérieurs les uns aux autres, ce qui permet de leur donner ensuite une grandeur, une figure, et d'établir, chacun le perçoit aisément, des relations entre eux ; cela sert de base à toute représentation de mouvement ou de changement, à la fois en nous et hors de nous.

En outre, le temps appartient à notre expérience la plus intime, car il module plus encore qu'il ne modèle l'intuition que notre esprit a de lui-même et, même, de tout ce qui lui arrive. Constitutives de la sensibilité humaine, nous sentons nos propres impressions, l'espace étant la « forme du sens externe », pour reprendre le mot de Kant, par lequel nous sentons les objets qui viennent s'imprimer en nous. Et comme ces « formes de la sensibilité », si l'on ajoute le temps, sont en nous, et ce, bien avant toute expérience concrète, dans la mesure où elles rendent celle-ci possible et plus encore la fondent : elles sont *a priori* (ce qui ne veut pas forcément dire innées) et « pures » en elles-mêmes de tout contenu empirique, prêtes du même coup à recevoir et à traiter n'importe quel contenu, comme dirait Kant, penseur qui leur dénie toute réalité en soi ou absolue…

Au contraire, le temps et l'espace sont la condition de toutes nos expériences et c'est seulement en eux que nous pouvons nous saisir d'une quelconque réalité… et même de notre propre réalité en tant que sujet sentant et pensant. Et Cassirer a bâti son œuvre, à l'instar d'Henri Bergson, sur la distinction de la « durée intime » et d'un temps matérialisé et dégradé dans les choses. Mais les deux philosophes, l'un français et l'autre allemand, brouillent les lignes d'une séparation qui serait vraiment trop simpliste entre le dedans et le dehors, l'esprit et le monde. Et nous retrouvons là, dans l'ouvrage de Marcellin Kalombo, une idée qui nous est chère, à savoir une approche qu'on dira « morinienne » de la méthode et de la pensée complexes[2].

---

[2] Pour une introduction complémentaire à la pensée complexe, cf. notre ouvrage : A. Aït Abdelmalek, *Edgar Morin, sociologue de la complexité*, Rennes, Apogée, 2010, et l'œuvre d'Edgar Morin, philosophe et sociologue, et en particulier les six tomes de *La Méthode*.

Ainsi, en physique, l'espace-temps est une représentation, en réalité et conceptuellement, mathématique de l'espace et du temps, comme deux notions, certes, on l'a dit, inséparables, mais qui s'influencent l'une l'autre. En réalité, épistémologiquement, ce sont deux aspects, ou versions, même vues sous un angle différent, d'une même entité ; d'ailleurs, cette conception de l'espace et du temps est l'un des grands bouleversements survenus au début du XXe siècle dans le domaine de la physique comme discipline, mais aussi pour la philosophie, comme on peut le lire dans l'ouvrage. En effet, elle est apparue avec la fameuse « relativité restreinte » et sa représentation géométrique qu'est, par exemple l'espace de Minkowski ; sa réelle importance ayant été renforcée par la relativité générale, évoquée notamment par le physicien A. Einstein.

Évoquons d'abord, pour entrer dans le cœur de la réflexion, la thèse de doctorat en philosophie, soutenue le 19 septembre 2018. Marcellin Kalombo Mbuyamba a soutenu à l'Université Catholique du Congo (UCC), un mémoire de plus de 298 pages, intitulé : « La symbolicité comme voie de résolution de la crise des fondements des mathématiques selon Ernst Cassirer. Prolégomènes à une épistémologie de l'ouverture ». Dans la première partie de son étude, l'auteur retrace de manière approfondie, dans le cadre d'une approche historique, les « facteurs déclencheurs de la crise des fondements des mathématiques ». L'impétrant a exposé en effet ses recherches sur l'apport du philosophe allemand Ernst Cassirer dans le débat sur la crise des fondements dans la théorie des ensembles en mathématiques et les différentes solutions trouvées face aux trois écoles traditionnelles, à savoir le logicisme, l'intuitionnisme et le formalisme. Dans la deuxième partie, l'auteur de la thèse passe en revue les réponses et les orientations conceptuelles et théoriques d'Ernst Cassirer, en démontrant de manière efficace « comment les mathématiques sont perçues par ce dernier comme des formes symboliques, avant de prouver que la symbolicité est une épistémologie de l'ouverture de la résolution de la crise des fondements des mathématiques ». Marcellin Kalombo a, en outre, évoqué de manière très argumentée, tout en restant « critique » et distancié, l'innovation et l'originalité du philosophe Cassirer sur la notion de l'espace et le temps, portant on l'a dit à la fois une dimension scientifique et culturelle, en introduisant les perspectives d'une épistémologie de l'ouverture qu'il a expliquée à partir de ces éléments constitutifs.

Aujourd'hui, ayant apprécié et bien entendu le message du président du jury qui avait soulevé la nécessité de publier les résultats de cette recherche, il s'agit de poursuivre la discussion en revenant notamment sur cette notion d'espace-temps. D'abord, le continuum espace-temps comporte bien, comme l'a rappelé l'auteur de la thèse, quatre dimensions : trois dimensions pour l'espace, « x », « y », et « z », et une pour le temps, « t ». Ainsi, dans l'état actuel des connaissances, seul l'espace-temps comme concept unifié, qui est « mathématiquement » (« géométriquement », cf. *infra*) un espace dit de « Minkowski (relativité restreinte et relativité générale !), est invariant, et ce, quel que soit le référentiel choisi, tandis que ses dimensions d'espace et temps en sont des aspects qui dépendent du point de vue et donc des références, notamment culturelles, voire cultuelles, des personnes. Et ce qui unifie espace et temps dans une même équation, comme disent les mathématiciens, c'est que la mesure du temps peut être transformée en mesure de distance ; en ce sens, on pourrait dire que le temps est de l'espace : « Le temps véritable, c'est celui qui sourd au plus intime de notre conscience, dans le flot désordonné des impressions de toutes sortes, dans le glissement continuel de nos états intérieurs, dans l'enrichissement graduel de notre moi. » Donc, le monde, en vérité, « dure » ; il est de la durée, tout comme notre conscience. Contre la physique mécaniste et mathématique, c'est toute la leçon de la biologie, que Bergson avait exposée dans *L'évolution créatrice* (1907), et Cassirer[3] dans son œuvre, notamment consacrée à la philosophie de l'espace, présenté dans l'ouvrage de Marcellin Kalombo.

La notion de l'espace préoccupe de plus en plus l'épistémologie, en tant que secteur de validité et des conditions de possibilités d'émergence des sciences, et la question de l'espace à cet effet, devient quasi récurrente, parce qu'elle est problématique. L'espace fait partie des problèmes qui ont caractérisé l'histoire des sciences et l'histoire de la philosophie depuis les temps les plus anciens jusqu'à nos jours, et quand on parle de l'espace, l'idée première qui vient à l'esprit est d'évoquer la géométrie, comme l'a clairement exprimé l'auteur, considérée comme la science de l'espace.

---

[3] Ernst Cassirer, né le 28 juillet 1874 à Breslau et mort le 13 avril 1945 à New York, est un philosophe allemand, naturalisé suédois, représentant d'une variété de néo-kantisme, courant développé dans ce qu'on nomme aujourd'hui l'École de Marbourg.

Enfin, la notion de l'espace n'est pas seulement utilisée dans la géométrie, il y a aussi la physique, l'astronomie, la psychologie (la perception) et l'anthropo-sociologie. Tous ces secteurs du savoir, toutes ces disciplines scientifiques (nature/culture) exploitent, de manière spécifique, dans leur configuration épistémologique, la notion d'espace.

Le philosophe qui a pensé à une telle pluralité d'espace est, selon nous aussi, Ernst Cassirer, théoricien et penseur de la tradition « judéo-allemande », dernière figure de l'idéalisme allemand, qui fut si critiqué, par la pensée marxienne. En fait, depuis toujours, les hommes ont cru que la notion de l'espace était seulement d'obédience « cosmologique, physique et mathématique ». Cassirer amène, selon M. Kalombo, « le débat ailleurs », en tous les cas, « dans un terrain tout à fait nouveau, celui de la culture », et « l'on serait peut-être étonné de constater que notre auteur, bien qu'elle soit kantienne, élabore sa théorie de l'espace loin des présuppositions de l'espace apriorique de Kant. Ayant adopté une orientation pluraliste de la question de l'espace, il ne convenait plus à Cassirer d'adopter la méthode de Kant. Il s'est donc intéressé plutôt aux conceptions de Leibniz et de Félix Klein » (*ibid.*, cf. *infra*). Rappelons à cet égard que Leibniz reprend l'idée de la nature de l'espace considérée comme une « condition de possibilité et une catégorie logique invariante des relations », l'espace devenant, théoriquement, dans ce sens, « un ordre des coexistences », comme le temps « un ordre des successions », soulignait déjà Cassirer. Et l'espace, dans le contexte cassirerien n'est pas, loin s'en faut, une « substance », mais est au contraire « relatif au sens logique ». Et donc à la conception substantielle issue de la métaphysique traditionnelle, évoquée plus haut (Aristote), il substitue la conception fonctionnelle issue des ordres relationnels (Leibniz). Comme l'a analysé M. Kalombo, notamment dans sa thèse, pour Cassirer, l'espace est une « pure forme » et est même « un schéma d'organisation et une théorie des relations ».

Nous avons vraiment apprécié le caractère « heuristique » de l'ouvrage *Structures spatio-temporelles et significations des formes symboliques chez Ernst Cassirer*, et en particulier l'idée que, pour Cassirer, la théorie de l'espace peut quitter sa structure des sciences de la nature pour s'appliquer aux sciences de la culture. N'est-ce pas la raison pour laquelle M. Kalombo a écrit que « le savant de l'école de Marbourg a innové à partir de son point de vue que nous trouvons pluraliste et unitaire.

Pour éviter le malentendu, Cassirer a proposé de classifier chaque orientation spatiale à un domaine particulier. Dans ce sens, l'espace mythique correspond aux représentations spontanées ou primitives, l'espace esthétique prévaut dans le domaine des figures artistiques et l'espace théorique correspond aux nécessités scientifiques, c'est-à-dire le secteur physico-mathématique ».

L'ouvrage, issu de réflexions menées en DEA et en Thèse de doctorat de philosophie, permet une belle rencontre philosophique : Ernst Cassirer avait suivi des études en droit, littérature allemande et philosophie à Berlin et, de 1896 à 1899, à l'Université de Marbourg, il avait eu comme professeur Georg Simmel, philosophe et sociologue qui lui avait recommandé la lecture de l'interprétation de la *Critique de la raison pure* de Kant par Hermann Cohen, qui était le fondateur de l'École de Marbourg et le premier universitaire juif à avoir obtenu une chaire de professeur en Allemagne. Cassirer s'est enthousiasmé pour la lecture « épistémologique » de Kant, alors que l'idéalisme allemand avait donné jusqu'à présent de son œuvre une lecture uniquement « métaphysique ». On ne peut que se réjouir de la publication de l'ouvrage de phénoménologie : *Structures spatio-temporelles et signification des formes symboliques chez Ernst Cassirer*.

Ali Aït Abdelmalek,

Professeur des universités en sociologie (E.A.-LiRIS, Rennes 2)
et directeur de la collection « Philosophie – Épistémologie
des sciences humaines et sociales » (EME)

Avant-propos

Les philosophes et les scientifiques s'accordent pour affirmer que le problème de l'espace a préoccupé depuis la nuit des temps l'esprit des hommes. Jusqu'à nos jours, quand on parle de l'espace, l'idée première fait penser directement à la topographie ou à la géométrie considérée comme la science de mesure de l'espace ou des lieux. Rappelons que l'espace et le temps entretiennent toujours un rapport épistémologique et ontologique dans la construction de l'édifice du monde. Cependant, la notion d'espace n'est pas seulement l'apanage de la géométrie ni de la topographie, on la retrouve aussi en physique, en astronomie, en psychologie de la perception, en anthropo-sociologie, etc. Le philosophe qui a pensé à une telle pluralité d'espace est de notre avis Ernst Cassirer. Il est de tradition judéo-allemande et est la dernière figure de proue de l'école de Marbourg. La présente étude s'assigne comme principale tâche de montrer l'originalité et l'innovation cassireriennes sur les concepts d'espace et de temps. En effet, sa conception de l'espace est multidimensionnelle.

Rappelons que le contexte dans lequel Cassirer élabore le contenu de sa théorie de l'espace est une prise de distance vis-à-vis des conceptions kantiennes de l'espace comme forme *a priori*, alors qu'il est qualifié comme un néo-kantien de l'école de Marbourg. Il se réfère à Leibniz et à Félix Klein pour fonder sa notion de l'espace comme ordre-relation à partir des invariants du groupe de transformation.

Chez Klein, Cassirer récupère la notion des invariants lorsqu'il étudie essentiellement les propriétés d'invariance des différentes figures. Le fait que la théorie des groupes de transformation conduit à l'idée des invariants a permis de régner sur toutes sortes de géométries tout en les unifiant. Il faut préciser qu'il s'agit de « la géométrie projective, la géométrie des rayons réciproques, la géométrie des transformations rationnelles, l'*analysis situs*[4]. En ce sens, la théorie du groupe est à classer parmi les méthodes que Cassirer a jugées efficaces pour concilier les géométries au XIXe siècle. De l'avis de Jean Seidengart, la notion du groupe de transformation a permis à Cassirer non seulement de fonder efficacement la géométrie, mais aussi d'effectuer un changement radical sur la conception de la réalité où il passe de la conception « substantialiste de l'invariance à la théorie générale des invariants (fonction) qui structure toutes nos expériences »[5].

En se référant à Leibniz, l'espace dans le contexte cassirerien n'est pas une substance mais il est relatif au sens logique. À la conception substantialiste issue de la métaphysique traditionnelle (Aristote), il substitua la conception fonctionnelle dérivant des ordres relationnels (Leibniz). Il appert que, pour Cassirer, l'espace est une pure forme, il est un schéma d'organisation et une théorie des relations. En plus, Cassirer a proposé de classifier chaque orientation spatiale à un domaine particulier de la culture. Dans ce sens, l'espace mythique correspond aux représentations spontanées ou primitives, l'espace esthétique prévaut dans le domaine des figures artistiques et l'espace théorique correspond aux nécessités scientifiques, c'est-à-dire le secteur physico-mathématique. Eu égard à ce qui vient d'être dit, posons-nous les questions suivantes : *dans quelle mesure le problème de l'espace cassirerien se rapporte-t-il au problème général de la connaissance ? En plus, l'espace dans lequel se trouvent les choses est-il considéré simplement comme une donnée intuitive ou bien n'est-il pas un simple produit et le résultat d'une formation symbolique ? Qu'est-ce qui fait l'unité des espaces dans le contexte cassirerien ?*

---

[4] F. Klein, *Le programme d'Erlangen. Considérations comparatives sur les recherches géométriques modernes*, Paris, Gabay, 1991, p. 4.

[5] J. Seidengart, « Note de présentation et traduction d'E. Cassirer », dans E. Cassirer, *La théorie de la relativité d'Einstein. Éléments pour une théorie de la connaissance*, Paris, Cerf, 2000, p. 26.

Comme nous pouvons le constater, Cassirer insère la question de l'espace dans son vaste champ d'investigation des formes symboliques. C'est ainsi que, pour mieux appréhender l'essence de l'espace chez lui, nous devons la situer dans le cadre général d'une « phénoménologie de l'esprit »[6]. D'où, l'espace devient une loi constante de l'esprit, un schéma de connexion au moyen duquel tout ce qui relève de la perception sensible entre dans des « relations déterminées de coexistence »[7]. Au reste, ce qui relie tous les espaces qui ont un caractère différent et une provenance différente du sens, c'est une détermination purement formelle qui trouve son expression la plus précise et la plus prégnante dans la définition leibnizienne de l'espace considéré comme une possibilité de la coexistence et comme un ordre des coexistences possibles. Cette possibilité est vécue différemment dans les modes de formation spatiale. C'est la raison pour laquelle nous tentons de montrer et d'expliquer comment l'approche cassirerienne de l'espace est plurielle à travers les classifications purement formelles qu'il établit des différents espaces. C'est ce qui fait son originalité et son innovation.

Quant au concept du temps, en parcourant la tradition philosophique, la plupart des penseurs ont eu des difficultés à le définir. Pour Cassirer, du fait que la notion du temps doit être accommodée dans la pure conscience phénoménologique du moi, il n'est plus question de la diviser en trois compartiments. L'auteur plaide pour l'unité du temps. Il s'agit en outre de réunir le présent, le passé et le futur. L'instance habilitée pour réaliser un tel travail, c'est l'esprit à travers la conscience du moi. Sur ce, Cassirer interdit en même temps toute tendance qui consiste à isoler ou à particulariser la détermination temporelle. Dans son innovation et son originalité, Cassirer recourt à la théorie fonctionnelle de la connaissance.

Pour un besoin didactique, nous avons opté pour une articulation en trois chapitres. Dans le premier chapitre, nous illustrons du point de vue historique la naissance des géométries non euclidiennes et le problème du fondement de l'espace. Rappelons que, depuis l'Antiquité, la géométrie jouissait d'une renommée rationaliste au point qu'elle fut considérée comme référence de l'académie platonicienne. Dans ce sens, toute la géométrie antique était euclidienne. Au XIXe siècle, avec le pro-

---

[6] E. Cassirer, *La philosophie des formes symboliques 3*, Paris, Minuit, 1972, p. 167.
[7] E. Cassirer, *La théorie de la relativité d'Einstein*, p. 61.

grès de la connaissance, naquirent les géométries qualifiées d'espaces non euclidiens.

En effet, ces nouveaux espaces ont suscité des problèmes d'ordre épistémologique et ontologique. Les philosophes soutiennent une approche métaphysique de l'espace en se basant sur les Éléments d'Euclide où la géométrie était indivisible. Les mathématiciens de leur côté, à l'instar de Félix Klein, considèrent que toutes les géométries se valent du point de vue de leur vérité et de leur objectivité à partir de la théorie des groupes de transformation. Le point de vue de Cassirer demeure dans ce contexte conciliant pour les deux approches tranchées.

Dans le deuxième chapitre, il est question de montrer l'originalité et l'innovation cassireriennes quant au concept d'espace. En effet, sa conception de l'espace est plurielle tout en s'orientant vers une dimension culturelle. Le troisième chapitre quant à lui veut illustrer le rapport qui existe entre le concept d'espace et celui de temps. En parcourant la tradition philosophique et scientifique, la plupart des savants ont eu des difficultés pour définir le temps, car ils l'ont fait en s'orientant dans une direction dialectique. Le rapport que l'espace et le temps entretiennent dans la perspective cassirerienne est d'ordre relationnel et fonctionnel.

Ce livre est essentiellement issu de notre dissertation doctorale en philosophie[8] et ouvre la voie à un vaste champ de recherche. Nous remercions Monsieur le Professeur Célestin Eluy'a Kondo Dimandja, notre *pater thesis*. Nous remercions également le Professeur Peter Verdée de l'Institut Supérieur de Philosophie (ISP) de l'Université Catholique de Louvain-la-Neuve qui nous a accueilli pour un séjour de recherche bibliographique ; les échanges, les séminaires, les workshops (CEFISES) ainsi que les confé-

---

[8] La thèse est intitulée : « La symbolicité comme voie de résolution de la crise des fondements des mathématiques selon Ernst Cassirer. Prolégomènes à une épistémologie de l'ouverture », Kinshasa/RDC, Université Catholique du Congo/UCC, le 19 septembre 2018, 291 p. Un extrait est publié dans la *Revue interdisciplinaire USAWA* (Association des moralistes congolais/Kinshasa-RDC), nouvelle série, n° 37, novembre 2018, intitulé : « Ernst Cassirer et le débat sur la crise des fondements des mathématiques. Cas de la théorie des ensembles », pp. 45-63. Un autre extrait est publié dans la collection « Recherches scientifiques africaines » des Presses de l'Université Catholique du Congo PUCC/NORAF, n° 2, juillet 2019 intitulé : « Crise des fondements dans la théorie des ensembles et perspectives d'une épistémologie de l'ouverture en mathématique », pp. 351-388.

rences suivies nous ont permis d'améliorer et d'approfondir notre travail à l'issue de nos recherches postdoctorales. Qu'ils agréent l'expression de notre profonde gratitude.

Nous pensons aussi aux échanges que nous avons eus avec le Professeur Massimo Ferrari à l'Université de Turin en Italie en vue de placer les dernières touches en sa qualité de spécialiste de la pensée cassirerienne. Avec lui, que les professeurs Andrea Poma et Francesca Biagioli de la même université trouvent dans cette page notre expression de reconnaissance. Nous ne pouvons pas rejeter dans l'ombre les apports de nos encadreurs directs de la thèse au sein de l'Université Catholique du Congo/UCC pour le suivi, l'attention et les échanges accordés : nous citons les Professeurs Ignace Mvuezolo, Cyprien Bwangila, F.-B. Mabasi, J.-P. Bokanga, J.-C. Akenda et Jean Onaostho. Et l'abbé Léonard Santedi, recteur de l'UCC, qui nous avait recommandé à l'ARES-CDD pour les recherches postdoctorales.

Notre reconnaissance s'adresse enfin à nos bienfaiteurs d'Allemagne à travers l'Institut de Missiologie Missio-Aachen, pour avoir financé nos études doctorales, un séjour de recherche bibliographique en Belgique et un séjour linguistique à l'Institut Goethe d'Abidjan en Côte d'Ivoire, et pour avoir financé cette publication. Nous ne pouvons pas oublier les apports de Monsieur Macaire Mvula, de Messieurs les Professeurs Norbert Kalindula, Marcous Bindungwa et Ali Aït Abdelmalek, pour avoir respectivement lu nos manuscrits, préfacé et accepté qu'ils soient publiés dans la collection « Philosophie-Épistémologie des sciences humaines et sociales ».

Marcellin Kalombo Mbuyamba

Louvain-la-Neuve (Belgique),
le 31 janvier 2020

Premier chapitre

Naissance des géométries non euclidiennes et problème du fondement de l'espace

Depuis l'Antiquité, la géométrie jouissait d'une renommée rationaliste au point qu'elle fut considérée comme référence par l'académie platonicienne. Dans ce sens, toute la géométrie antique était euclidienne. Au XIXe siècle, avec la naissance des géométries qualifiées d'espaces non euclidiens, il y a eu une crise de l'intuition au sein de la science de l'espace. Ces nouveaux espaces ont suscité des problèmes non seulement d'ordre épistémologique mais aussi d'ordre ontologique. Les philosophes soutiennent une approche métaphysique de l'espace en se basant sur les Éléments d'Euclide où la géométrie était indivisible. Les mathématiciens comme Félix Klein considèrent que toutes les géométries se valent du point de vue de leur vérité et de leur objectivité à partir de la théorie des groupes de transformations. Dans ce débat, le point de vue de Cassirer demeure conciliant. C'est l'objet du présent chapitre où nous examinons l'historique et le problème des fondements de l'espace.

§1. De la géométrie égyptienne à la conceptualisation grecque : le primat de mesure de l'espace

Du point de vue de l'histoire de la géométrie, l'Égypte ancienne demeure le berceau de sa fondation. Selon Cassirer, elle est qualifiée par Hérodote comme « la patrie de la géométrie »[9]. La géométrie était considérée comme une activité quotidienne et pratique des Égyptiens. Comme on peut le constater, les Grecs anciens (Pythagore, Euclide, Platon, etc.), après leur passage en Égypte, ont récupéré les pratiques et ont essayé de conceptualiser et de théoriser ce qui était une activité et une science proprement égyptienne afin qu'elles deviennent une science théorique grecque[10]. D'après Cassirer, dans *Le commentaire d'Euclide*, Proclus estime que c'est Pythagore dans le monde grec qui est le premier à élever la géométrie au rang de libre formation de l'esprit « parce qu'il remonte à leurs principes et traite les problèmes du point de vue des idées sans les limiter à une matière déterminée »[11]. Les Grecs, dans ce contexte, ont opéré une révolution (progrès) dans les sciences mathématiques. Ce progrès est une véritable transformation interne qui part d'une activité pratique à une science théorique. Si, chez les Égyptiens, la géométrie relevait d'un savoir empirique basé sur l'expérience des traçages, de construction et de calcul, chez les Grecs, elle devient toute une philosophie :

> « Là où dans les anciennes civilisations il n'y avait que travail manuel et routine, règles immémoriales qui, isolées, non conceptualisées et issues directement de l'empirie, étaient au service d'une pratique grossière, l'esprit grec, dès l'instant où il s'empara de cette matière, reconnut qu'elle recelait un contenu digne d'une réflexion particulière, exprimable sous une forme universelle, bref un contenu scientifique[12]. »

Par ailleurs, une question mérite d'être posée : qu'est-ce qui a fait la force des Grecs au sujet de la conceptualisation géométrique ? Selon Cassirer, il

---

[9] E. Cassirer, *Le problème de la connaissance 4. De la mort de Hegel aux temps présents*, Paris, Cerf, 1991, p. 63.
[10] *Ibid.*
[11] *Ibid.*
[12] *Ibid.*

s'agit assurément de la « notion de mesure »[13], qui a permis aux Grecs de bien théoriser la géométrie, de quitter un stade de l'expérience pour celui de la science. En effet, « pour exprimer cette intelligence vitale de base, les Grecs usaient, précisément, d'un mot de la même famille que mesure : Métis, mère de la mesure »[14]. Le concept de « mesure » porte une signification fondamentale et centrale dans la pensée et la vision grecque du monde. Sans la notion de mesure, il leur serait difficile de conceptualiser la géométrie. Voilà pourquoi, chez les Grecs, il y a le primat de la notion de mesure par rapport à d'autres notions. Disons, en plus, que la notion de mesure, chez les hellénistes, ne se limitait pas à un domaine particulier. Par là, la géométrie s'étendait dans presque tous les actes de la vie quotidienne. La notion de mesure avait un double impact : elle permettait de saisir « l'essence de la pensée et l'essence de l'être »[15].

En sus, cette notion concernait donc aussi l'essence de l'être. L'être en tant que tel n'est saisi que par la notion de mesure qui s'identifie à l'espace mesurable. Cassirer affirme que Platon, dans *Philèbe*, évoque les notions de *peras* et d'*apeiron*. Le *peras* est limité et l'*apeiron* est illimité. Pour lui, il y a toujours une tension entre ces deux pôles de la saisie du réel. Parlant de *peras* en tant que limite et mesure, il estime que « la limite et la mesure des choses sont la tâche de toute connaissance »[16]. De ce fait, le concept de mesure est entré facilement dans la vie intellectuelle grecque et forme non seulement le noyau de l'ordre du monde cosmique mais aussi de tout ordre humain. Il est même au centre de la vie éthique et de la logique. Cassirer explicite davantage avec Héraclite qui renchérit que, dans le concept de mesure, il y a la relation ou le lien entre le mouvement du monde et l'existence humaine. De ce fait, le monde et l'homme sont soutenus par le concept de mesure et, sans cela, il y a risque que les deux sombrent dans le chaos.

Pour Gaston Milhaud, la notion de mesure est « une vue universelle et grandiose perceptible dans tout ce que les penseurs grecs disaient du sens et de la valeur de la géométrie, mais plus encore c'est elle qui guide et

---

[13] *Ibid.*, p. 64.
[14] M. Serres, *Les origines de la géométrie*, Paris, Flammarion, 1993, p. 326.
[15] E. Cassirer, *Problème de la connaissance 4*, p. 64.
[16] Platon, *Philèbe*, cité par E. Cassirer, *ibid.*

domine tout travail de recherche »[17]. Le fait que le concept de mesure caractérise la pensée et l'être et domine tout travail de recherche a permis à la géométrie de devenir un paradigme. En effet, ce paradigme devient englobant au sens platonicien, lorsque « la géométrie est l'exemple et le modèle éternel par lequel la nature et la tâche du savoir deviennent claires »[18]. À ce sujet, ne perdons pas de vue que l'académie platonicienne stipule : « Que nul n'entre ici s'il n'est géomètre »[19]. Cela prouve à suffisance que, chez Platon, les mathématiques étaient une propédeutique à la connaissance au point d'en faire même le modèle et le principe sacro-saint de son école. À partir de la fin de la Renaissance historique jusqu'aux Temps modernes, un petit changement s'est opéré à propos de la notion de mesure. Ce changement n'avait pas altéré la signification du concept de mesure, mais seulement « les mathématiques [qui] cessent d'être considérées comme unique objet et seul point focal du savoir méthodique »[20].

La définition de la géométrie comme science des quantités mesurables devenait plus restreinte. Il fallait élargir cette définition puisqu'il ne s'agissait plus d'un seul type de géométrie, mais d'une pluralité de géométries. C'est Euclide à travers ses Éléments qui essaie de donner à la géométrie ancienne une base solide et un contenu valable. Par ailleurs, la naissance des géométries non euclidiennes a entraîné ce que nous pouvons appeler une crise de l'intuition au sein de la géométrie.

§2. Les géométries non euclidiennes et problème du fondement de l'espace : justification historico-philosophique

Nous pouvons commencer cette réflexion par les questions suivantes : comment peut-on justifier l'absolutisation des axiomes et des postulats euclidiens dans l'histoire des mathématiques ? Pourquoi la démonstra-

---

[17] G. Milhaud, *Les philosophes géomètres de la Grèce*, Paris, Vrin, 1934, cité par E. Cassirer, *Problème de la connaissance 4*, p. 64.
[18] *Ibid.*
[19] Platon, *République*, VII, 526 e 6-7, Paris, 1966.
[20] E. Cassirer, *Problème de la connaissance 4*, p. 64.

tion d'un seul postulat pouvait-elle entraîner la crise de l'intuition au sein de la géométrie ?

Pour mieux répondre à ces questions, Cassirer, dans *Le problème de la connaissance 4*, peint la caractéristique des mathématiques par des philosophes. Pour lui, depuis l'Antiquité et surtout dans la conception platonicienne, les mathématiques jouissaient d'une réputation très remarquable au point qu'elles étaient considérées comme le seul domaine qui procurait la certitude dans toutes les sciences. B. Duvillie écrit, à ce sujet : « Les mathématiques tiennent une place privilégiée dans le système éducatif de Platon. Plus d'une centaine de passages font allusion à cette discipline dans les dialogues[21]. » Chez le maître de l'académie, les mathématiques n'ont pas de lien avec le monde de l'expérience (sensible). Seulement que les objets mathématiques sont projetés vers l'idéal, c'est-à-dire les « Idées éternelles, immuables, incorruptibles »[22].

Un autre fait à relever est qu'à l'époque de Platon il existait un lien étroit entre le concept géométrique et le concept philosophique de vérité. C'est ce que Cassirer appela « une communauté indéfectible »[23] entre ces deux concepts puisqu'à l'époque les philosophes et les mathématiciens s'identifiaient. C'est grâce à la découverte des mathématiques grecques et surtout à travers la sphère des formes immuables que Platon explicite mieux sa théorie des Idées. D'après Cassirer, même la géométrie grecque n'avait trouvé son accomplissement, sa possibilité, sa résolution interne et systématique que par l'insertion des thèmes platoniciens. C'est pour cette raison qu'on peut classer les Éléments d'Euclide dans ce même registre. Pour Cassirer, « ils se réfèrent en leurs moindres détails au travail de l'académie platonicienne et ont achevé l'œuvre commencée par les grands mathématiciens de l'académie, tels Eudène et Théétète »[24]. Dans le même ordre d'idées, Hermann Cohen, dans « La théorie platonicienne des Idées et les mathématiques », adopte une approche de la tradition marbourgeoise en montrant que la théorie platonicienne des idées correspondait à l'idéalisme transcendantal de Kant. Rapporté dans son ouvrage sur *Retours à Kant*, Massimo Ferrari atteste que :

---

[21] B. Duvillie, *L'émergence des mathématiques*, Paris, Ellipses, 2000, p. 112.
[22] *Ibid.*, p. 113.
[23] E. Cassirer, *Problème de la connaissance 4*, p. 32.
[24] *Ibid.*

> « En faisant fusionner un Platon "kantien" avec un "Kant" platonicien, Cohen assimilait l'idée platonicienne au réel non pas dans le sens d'une existence réelle pour la détermination de l'être, mais de sa fonction de fondation idéaliste du réel. D'autre part, l'idée se trouvait interprétée de façon réductrice comme hypothèse dans l'acception que revêt l'hypothèse dans la conception platonicienne de la mathématique : c'est-à-dire comme "présupposé" de la légalité de l'être, comme instrument méthodologique pour conférer aux phénomènes leur authentique réalité transcendantale en vertu de la détermination analytique des conditions auxquelles elles sont soumises[25]. »

D'après Cassirer, les axiomes, les propositions et les postulats de la géométrie euclidienne reposaient sur le principe sacro-saint du modèle de « l'ascension vers la vision des Idées »[26]. Dans cette ascension vers la vision des Idées, ce qui est saisissable n'est pas quelque chose de particulier ni de contingent, moins encore de modifiable, mais d'une « vérité universellement nécessaire et éternelle »[27]. Il s'agissait, pour ce faire, de ce qui est durable et nécessaire, c'est-à-dire de la vérité non pas particulière, mais universelle et admise par tous. Ainsi, dans ce cadre, il était tout à fait logique que les axiomes euclidiens soient longtemps adulés et absolutisés par les mathématiciens et les philosophes. Une telle perspective a été appuyée, selon Cassirer, au temps moderne, par Descartes qui n'attribuait qu'aux mathématiques la vraie certitude de la connaissance. En effet, Descartes croyait en la force de la certitude mathématique au point d'affirmer qu'il se plaisait aux mathématiques à cause de la certitude qu'elles procuraient[28]. Ne perdons pas de vue qu'il reste le père fondateur de la géométrie analytique. La doctrine de l'intuition de Descartes n'est rien d'autre que celle de la vérité et de la certitude mathématique conçue dans l'esprit à travers la perception de l'idée claire et distincte.

Poursuivant l'histoire de la connaissance, Cassirer s'appuie sur Leibniz et le rationalisme strict et atteste que les « axiomes euclidiens sont ceux qui ne sont que des points d'arrêt provisoires qu'une analyse toujours plus

---

[25] M. Ferrari, *Retours à Kant. Introduction au néo-kantisme*, Paris, Cerf, 2001, p. 31.
[26] *Ibid.*, p. 33.
[27] *Ibid.*
[28] R. Descartes, *Discours de la méthode*, Paris, Flammarion, 2000, p. 125.

poussée devra réduire à des présuppositions plus fondamentales »[29]. Selon Cassirer, Leibniz est le premier penseur à envisager la refondation des axiomes d'Euclide. C'est à partir de lui et du rationalisme strict qu'il n'y avait plus la croyance en la certitude immédiate et la force de conviction de l'évidence géométrique, comme l'avait fait Descartes. Pour Cassirer, la vérité éternelle, l'idée absolue, l'intuition géométrique ont été ébranlées dans la caractéristique géométrique de Leibniz, et même Kant, à travers sa doctrine des formes aprioriques, ne serait pas capable d'ébranler Leibniz.

Disons que le philosophe de Königsberg, fils de son époque, n'a connu que la physique newtonienne et la géométrie euclidienne. Il ne pouvait pas accepter d'autres types d'espaces en dehors de celui d'Euclide. D'après Cassirer, chez Kant, les mathématiques pures sont des connaissances qui comportent une certitude apodictique parfaite, c'est-à-dire une absolue nécessité qui ne repose donc sur aucun fondement empirique et qui est, par la suite, un pur « produit de la raison »[30].

Il en résulte que Kant partage le même point de vue avec le rationalisme classique de Descartes ainsi que le sensualisme de Hume. L'influence kantienne a joué un rôle important dans la géométrie et surtout avant l'avènement des géométries non euclidiennes. On avait assisté à une sorte d'émiettement de la raison à partir de la pluralité des géométries. En cela, la pensée mathématique du XIXe siècle, d'après Cassirer, s'est référée en même temps à la certitude de l'intuition. Or cette intuition n'était favorable que pour la géométrie euclidienne. Il y a eu une sorte de « crise de l'intuition »[31] qui a entraîné le problème dans les fondements de la géométrie. Il fallait alors démontrer les axiomes d'Euclide. C'est le cinquième postulat qui ouvrit la voie vers les nouvelles perspectives de la recherche en géométrie.

Voici en résumé, les cinq postulats d'Euclide :

« 1. On demande qu'on puisse mener une ligne droite d'un point quelconque à un autre point quelconque,

---

[29] E. Cassirer, *Problème de la connaissance 4*, p. 34.
[30] E. Kant, *Prolégomènes à toute métaphysique qui pourrait se présenter comme science*, Paris, Vrin, 2000, p. 48.
[31] E. Cassirer, *Problème de la connaissance 4*, p. 35.

2. on demande qu'on puisse prolonger d'une manière continuelle et, selon sa direction, une droite finie en une droite continue,

3. on demande que d'un point quelconque, et avec un intervalle quelconque, on puisse décrire une circonférence quelconque,

4. on demande que tous les angles soient égaux entre eux,

5. et on demande que si une droite tombant sur deux droites fait les angles intérieurs du même côté plus petits que deux droites, prolongées à l'infini, se rencontreront du côté où les angles sont plus petits que deux droites[32]. »

Notons que la forme abrégée de cet axiome sera utilisée dans les lignes qui suivent sous cet énoncé : « par un point extérieur à une droite il ne passe qu'une droite et unique parallèle ». Il existe un lien et une continuité entre la forme longue et celle-ci.

Les premières tentatives d'une nouvelle géométrie commencèrent avec les recherches de J. Wallis, G. Saccheri, H. Lambert et A. Legendre qui s'inspirent, eux aussi, des recherches menées par les mathématiciens arabes qui, au IXe siècle, montraient déjà qu'il était possible de démontrer le postulat des parallèles. Tous ces essais avaient échoué par manque de méthodes efficaces.

Il fallut attendre le XIXe siècle et les apports de Gauss, Bolyai, Lobatchevsky et Riemann pour qu'on évoque les géométries non euclidiennes, puisqu'à un moment donné de l'histoire des sciences mathématiques, il était difficile que certaines propriétés ou vérités de la géométrie euclidienne soient acceptées et deviennent de plus en plus caduques. Cet espace était contesté et ne révélait plus le caractère vrai et évident. Parmi les vérités dénudées par les géométries non euclidiennes figure le cinquième postulat des Éléments d'Euclide. Cassirer salue l'avènement de ces nouvelles géométries et montre que la géométrie devrait cesser de parler avec l'unique langue (euclidienne).

---

[32] Euclide, *Les Éléments*, Paris, PUF, 1990, p. 175.

§ 3. Les nouvelles géométries : de Gauss à Riemann

3.1. Le début avec Gauss

D'après E. Cassirer, Carl Friedrich Gauss est considéré comme le précurseur des géométries non euclidiennes[33]. Du point de vue de la connaissance et de sa carrière scientifique, il faut savoir qu'au XIXe siècle, Paris demeura la capitale et le siège du monde concernant les mathématiques[34], même si le grand rayonnement des progrès mathématiques surgit d'Allemagne, et précisément de Göttingen, avec David Hilbert. Selon ce que rapporte Stephen Hawking, l'Allemagne, à l'époque, se contentait toujours des œuvres de Kant et il n'était pas permis d'évoquer de nouvelles recherches en géométrie. Une telle manière a été perçue aussi par Gauss. Nommé directeur de l'observatoire de Göttingen, Gauss enseignait l'astronomie en lieu et place des mathématiques : « S'il avait été professeur des mathématiques, on lui aurait demandé d'enseigner les mathématiques à des étudiants inintéressés[35]. » Par le fait que Gauss n'enseigna pas les mathématiques à Göttingen, il se mit à retravailler d'une manière secrète les causes et les conséquences du refus de postulat des parallèles d'Euclide.

Dans ce sens, Gauss est à classer parmi les mathématiciens les plus honorés de l'histoire des sciences, à côté d'Archimède et de Newton. Ses premiers travaux s'évertuent dans l'arithmétique avec son célèbre théorème du binôme. Du point de vue constructif, Gauss a été un révolutionnaire. Avant la fin des études, le même esprit critique le poussa à se déclarer peu satisfait du théorème du binôme et l'incita à examiner les démonstrations de la géométrie élémentaire (euclidienne). Il avait perçu la première lueur d'une autre géométrie que celle d'Euclide. Il se considérait comme le premier à avoir remis en question le dogme de la vérité absolue et de l'unité de la géométrie euclidienne. Au-delà de ses présuppositions mathématiques, Gauss s'exerça aussi bien en physique et en astronomie que dans d'autres domaines scientifiques.

---

[33] E. Cassirer, *Problème de la connaissance 4*, p. 31.
[34] S. Hawking, *Et Dieu créa les nombres*, Paris, Dunod, 2006, p. 598.
[35] *Ibid.*

Par ailleurs, dans *Le problème de la connaissance 4*, Cassirer affirme que Gauss ne publia pas ses découvertes en géométrie parce qu'il avait peur des « hurlements des béotiens »[36]. Tel est le titre de sa correspondance avec son ami Bessel en 1829. Les béotiens sont qualifiés, dans le vocabulaire gaussien, comme tous les disciples de Kant et tous ceux dont l'espace se basait sur la géométrie d'Euclide.

En outre, s'il faut suivre la marche des idées de Gauss au sujet de la nouvelle géométrie, c'est la mesure de la terre (la géodésie) qui a joué un rôle important : « Son intérêt pour la géodésie, les mathématiques de la description et de la représentation de la terre est un bon exemple de ses inclinaisons empiriques[37]. » C'est entre 1817 et 1820, alors qu'il est âgé de 40 ans, que le gouvernement de Hanovre lui demande de diriger un relevé géodésique sur l'ensemble du royaume, une tâche dont il va s'acquitter avec perfection et ingéniosité. Dans cette perspective, et selon les résultats de Gauss, quand on pense à la surface de la Terre, on la représente comme la surface d'une sphère plongée dans l'espace. Raison pour laquelle les relevés de Gauss consistaient schématiquement à repérer les points remarquables du terrain, à leur attribuer des coordonnées (par un procédé plus ou moins conventionnel) et à mesurer les distances entre ces points.

C'est à partir de cette recherche que Gauss découvrit la première géométrie non euclidienne qu'il appelait lui-même « la géométrie anti-euclidienne »[38]. Il se demandait comment peut-on faire de la géométrie tout en restant sur la surface d'une sphère. Comment peut-on, par exemple, définir une droite tracée sur cette surface ? Il en résulte que la surface de la sphère est courbe. Visiblement, on ne peut pas y tracer des droites. La géométrie inaugurée par Gauss était plus hyperbolique que sphérique. Car, par un point A, il y a plusieurs parallèles à une droite D et non zéro parallèle comme sur une sphère. Par là, il inaugure la notion de la géométrie des surfaces, qu'Einstein salua avec bravoure : « Einstein dira que si Gauss n'avait pas créé sa géométrie des surfaces, base des travaux de

---

[36] E. Cassirer, « Le problème de l'espace et la découverte de la géométrie non euclidienne », dans *Problème de la connaissance 4*, p. 31.
[37] S. Hawking, *Et Dieu créa les nombres*, p. 598.
[38] F. Lurçat, *L'autorité de la science*, Paris, Cerf, 1995, p. 149.

Riemann et de la théorie de la relativité, il aurait été difficile d'imaginer que quelqu'un d'autre l'ait fait à sa place[39]. »

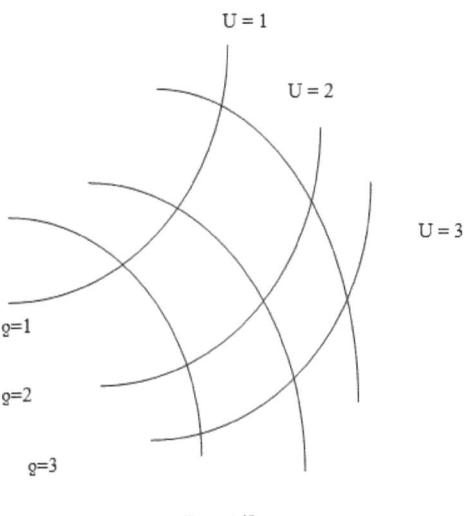

Fig. 1[40]

Parti de la géométrie des surfaces, Gauss énonça le théorème qu'il appela « le théorème remarquable » d'une surface qui ne change pas par isométrie, et on peut appliquer une feuille de papier sur une sphère et bien d'autres conséquences. Gauss avait aussi la mission de réunir la géométrie et l'arithmétique en proposant le théorème des surfaces à travers les courbes qui forment des coordonnées. Pour Cassirer, « l'union de la géométrie et de l'arithmétique leur permit historiquement de se développer

---

[39] J. Escofier, *Histoire des mathématiques*, Paris, Dunod, 2008, p. 75.
[40] Le traitement analytique et géométrique du problème peut, d'après Gauss, être effectué de la manière suivante. Imaginons tracé sur la surface de la table un système de courbes quelconques, que nous appelons courbes u et dont chacune sera marquée par un nombre. Dans le dessin figurent les courbes u=1, u=2 et u=3. Mais entre les courbes u=1 et u=2, il faut imaginer un nombre infini de courbes qui correspondent à tous les nombres réels se trouvant entre 1 et 2. Nous avons alors un système de courbes u infiniment rapprochées qui couvrent toute la surface de la table. Aucune courbe u ne doit couper une autre, et par chaque point de la surface de la table ne doit passer qu'une seule et unique courbe. Cf. A. Einstein, « Les coordonnées de Gauss », dans *La théorie de la relativité restreinte et générale. Exposé élémentaire*, Paris, Gauthier-Villars, 1954, p. 96.

ensemble mais encore de s'interpénétrer et de s'enrichir mutuellement toujours davantage »[41].

Gauss gravit la montagne de la mort le 23 février 1855 après avoir souffert longtemps de plusieurs maladies. Dans son testament, il avait demandé qu'un polygone régulier à 17 côtés soit gravé sur sa tombe. Malheureusement, l'artiste chargé d'exécuter le projet fabriqua une étoile à 17 branches. Selon son explication, les passants confondraient le polygone avec un cercle[42]. Rien n'empêche qu'aujourd'hui Gauss devienne l'étoile brillante des mathématiques. Il nous a laissé les premières tentatives des géométries non euclidiennes et surtout hyperbolique qui sera continuée par Lobatchevsky, Riemann et Bolyai.

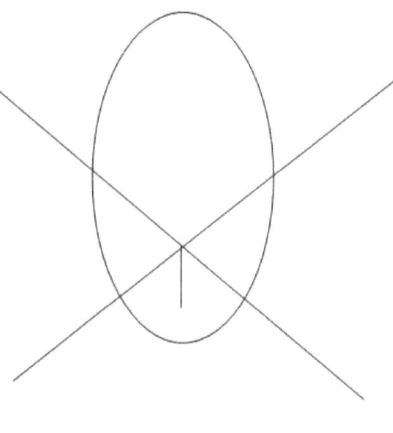

Fig. 2[43]

3.2. János Bolyai et la géométrie absolue

János Bolyai suivit de près le progrès des sciences mathématiques de son époque. Le 23 novembre 1823, il annonça à son père Farcas Wolfgang Bolyai, vieil ami de Gauss, qu'il aurait conçu une nouvelle théorie des parallèles à partir de rien, « créé à partir de rien, un nouvel et étrange uni-

---

[41] E. Cassirer, « Le concept de nombre et sa fondation logique », dans *Problème de la connaissance 4*, p. 73.
[42] S. Hawking, *Et Dieu créa les nombres*, p. 600.
[43] Cette figure prouve à suffisance que nous ne pouvons pas tracer une droite dans une surface sphérique car la surface est courbe.

vers »⁴⁴. Après l'avoir mise au point, il la publia dans *Appendix scientiam spatu absolute veram exihibens*⁴⁵, un manuel de son père. Bien qu'originale, sa géométrie absolue présentait des points communs avec la géométrie hyperbolique de Lobatchevsky et de Gauss. D'ailleurs, quand son père envoya cette publication à Gauss, ce dernier en reconnut l'intérêt mais signala qu'il avait rencontré ces mêmes idées depuis longtemps. C'est ainsi que cette déclaration de la priorité de Gauss va décourager Bolyai qui renonça à toute publication concernant la géométrie. D'après Hawking, Gauss s'exprima en ces termes : « Le louer reviendrait à me louer moi-même. Car l'intégralité de ses travaux […] coïncide presque exactement avec les méditations qui m'ont moi-même occupé ces trente-cinq dernières années⁴⁶. »

3.3. Lobatchevsky et la géométrie hyperbolique

Concernant ses recherches, Lobatchevsky a eu le mérite de continuer et de publier les idées que Gauss avait hésité à rendre publiques. On dit qu'il a opéré une révolution dans le monde de la géométrie, à l'instar de Copernic en astronomie. En effet, pour mieux analyser l'œuvre de Lobatchevsky, il convient de rappeler d'abord que c'est le postulat euclidien qui s'est vu modifié. Lobatchevsky commença son étude par démontrer les théorèmes euclidiens qui ne reposent pas sur le postulat des parallèles. Il remplaça ce postulat par une propriété qu'il récupéra chez Saccheri. « Par une droite AB et un point C donnés, toutes les droites de ce plan passant par C peuvent être partagées en deux classes par rapport à AB. Celles des droites qui coupent AB et celles des droites qui ne coupent pas AB⁴⁷. »

---

[44] C.C. Gillespie, *Dictionnary of scientific biography*, pp. 268-271, cité par L. Mlodinow, *Dans l'œil du compas*, Paris, Saint-Simon, 2002, p. 134.
[45] R. Taton, *La science contemporaine*, tome 1, *Le XIXᵉ siècle*, Paris, PUF, 1955, p. 28.
[46] S. Hawking, *Et Dieu créa les nombres*, p. 599.
[47] A. Dahan et J. Peiffer, *Une histoire des mathématiques. Routes et dédales*, Paris, Seuil, 1986, p. 154.

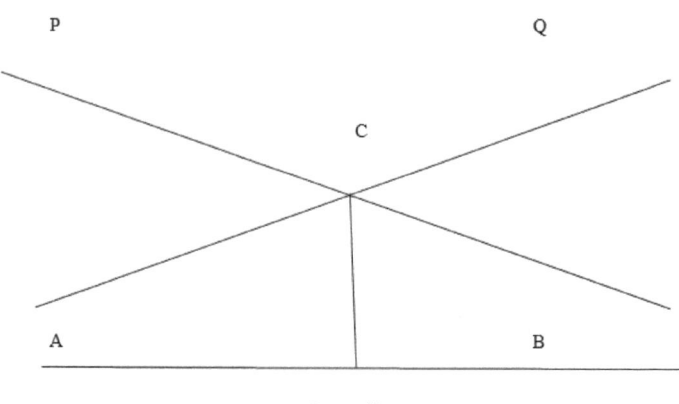

Fig. 3[48]

Poursuivant ses propres recherches, Lobatchevsky aboutit à la conclusion révolutionnaire selon laquelle :

> « On peut par un point situé dans un plan, mener plusieurs parallèles à une droite donnée. Ou encore, toutes les droites tracées par un même point dans le plan peuvent se distribuer par rapport à une droite donnée dans ce plan, en deux classes, à savoir : en droites qui coupent la droite donnée et en droites qui ne la coupent pas. La droite qui forme la limite commune de ces deux classes est dite parallèle à la droite donnée[49]. »

Comme on le constate, Lobatchevsky a conservé tous les postulats de la géométrie euclidienne sauf le cinquième. Dans sa géométrie hyperbolique, aucune des droites parallèles ne se rencontre avec la droite qui est parallèle à elles. De même, toute ligne droite passant par le point fixe est située à l'intérieur de l'angle formé par les deux parallèles. Au début, lorsqu'il conçut sa géométrie, Lobatchevsky l'appela *géométrie imaginaire*[50]. Par la suite, il abandonna cette nomination car il craignait l'inconvénient qu'elle représenterait aux yeux des philosophes. Ces derniers la considéreraient comme étant un domaine émanant des fictions.

---

[48] P et q sont des parallèles à AB. Donc, l'on peut par un point situé dans un plan mener plusieurs parallèles à une droite donnée.
[49] J.-P. Escofier, *Histoire des mathématiques*, p. 85.
[50] L. Brunschvicg, *Les étapes de la philosophie mathématique*, Paris, PUF, 1974, p. 318.

Après lui, Riemann opérera la grande révolution, surtout par son apport à la consolidation de la physique.

3.4. B. Riemann et la géométrie elliptique

Selon Cassirer, c'est Riemann qui a donné une nouvelle orientation à la géométrie moderne[51]. Gauss pensa réaliser un espace elliptique. Mais, par la suite, sa géométrie fut considérée comme hyperbolique. Après sa thèse de doctorat, Riemann entama directement sa thèse d'habilitation, une sorte de deuxième thèse qui débouchait sur l'obtention du titre d'enseignant à l'Université. Sur ce, il lui fallut défendre un certain nombre de matières proposées par l'encadreur. Son maître Gauss lui proposa trois sujets pour ses cours : « 1. Historique de la question de la représentabilité d'une fonction par une série trigonométrique, 2. Solutions de deux équations quadratiques à deux inconnus, 3. Sur les hypothèses qui servent de fondements à la géométrie[52]. »

À la grande surprise de son maître, Riemann choisit la troisième leçon qui sera même à la base de son progrès en mathématiques. En réalité, Riemann, à partir de ce mémoire[53], a donné une formulation tout à fait importante et précise de la géométrie. En effet, pour Cassirer, le titre paraît révolutionnaire dans la « manière de pensée accomplie au cœur des mathématiques »[54]. Bien avant lui, on parlait des axiomes, des postulats ; et lui instaure le concept d'hypothèse. D'après Cassirer, Riemann voyait des vérités hypothétiques là où certains mathématiciens imposaient les principes absolus et nécessaires, c'est-à-dire dans les axiomes et postulats euclidiens. Raison pour laquelle il a préféré évoquer l'hypothèse plutôt que les axiomes.

Selon certains commentateurs, Riemann a osé ôter la géométrie d'Euclide de son lien d'absolu et indiscutable. C'est alors la physique et non

---

[51] E. Cassirer, *Problème de la connaissance 4*, p. 31.
[52] S. Hawking, *Et Dieu créa les nombres*, p. 853.
[53] *Sur les hypothèses qui servent de fondement à la géométrie*, mémoire lu par Riemann lui-même le 10 juin 1854, à l'occasion de ses épreuves d'admission à la Faculté philosophique de Göttingen.
[54] E. Cassirer, « Le problème de l'espace et la découverte de la géométrie non euclidienne », dans *Problème de la connaissance 4*, p. 31.

la logique mathématique qui a contribué à la consolidation de cette géométrie. Albert Einstein révéla la nécessité d'une telle géométrie à travers sa physique relativiste, en appliquant l'espace elliptique dans la construction de sa théorie de la relativité générale où il se servit des équations gravitationnelles émanant « des théories des variétés de la géométrie différentielle de dimension n quelconque [...] la formule indiquée est celle donnant un élément de longueur sur une variété de dimension *n* : $ds = \sqrt{g_{ij}.dx_i.dx_j}$ »[55]. Dans ce sens, une étroite relation existe entre la physique et la géométrie depuis la physique ancienne d'Aristote, la physique classique de Newton, la relativité générale et la physique quantique.

Dans *Le problème de la connaissance 4*, Cassirer montre comment, chez Riemann, le problème du fondement interne des rapports mesurables de l'espace ne peut se résoudre qu'à condition de partir de la conception actuelle du phénomène. Cette conception était déjà confirmée par l'expérience fondée de Newton[56]. En outre, il s'agissait d'une certaine actualisation du phénomène newtonien afin de régler le problème interne des rapports mesurables de l'espace[57]. Il s'ensuit que la conception riemannienne a entraîné le bouleversement des principes géométriques. Pour Cassirer, « les axiomes mathématiques modèles, depuis des siècles de vérités éternelles, paraissent aujourd'hui relever d'un tout autre type de connaissance, de vérités éternelles devenues des vérités de fait »[58]. Par rapport à la démonstration du cinquième postulat d'Euclide, la géométrie riemannienne ne s'occupe plus des problèmes des droites. Dans l'esprit de la géométrie elliptique, par un point situé dans un plan, ne peut passer aucune parallèle. Par sa contribution, Riemann introduit les espaces très généraux. La géométrie devient une suite curviligne, c'est-à-dire qu'elle se sert des courbes et non plus des lignes droites comme cela se faisait dans l'espace euclidien. Riemann a modifié notre rapport avec le monde de l'espace dans la mesure où « l'espace euclidien est [...] rectiligne. Bien plus, il est tel qu'il contient des corps solides et donc infiniment épais. Par contre, l'espace riemannien est sphérique et infiniment plat ou sans

---

[55] J.-J. Escofier, *Histoire des mathématiques*, p. 86-87.
[56] E. Cassirer, *Problème de la connaissance 4*, p. 31.
[57] Pour mieux cerner la notion, cf. B. Riemann, *Œuvres mathématiques*, Paris, J. Gabay, 1990, pp. 280-296.
[58] E. Cassirer, *Problème de la connaissance 4*, p. 32.

épaisseur »⁵⁹. Tout compte fait, c'est lui qui apporta une solution importante à la géométrie lors du XXe siècle avec l'appui des quelques philosophes et mathématiciens.

§4. L'unité des géométries : entre continuité et réciprocité, Beltrami, Klein, Cassirer, Hilbert et Poincaré

Après Riemann, d'autres apports ont été importants pour solidifier sa perspective et contribuer au progrès de la géométrie. Il s'agit notamment de l'étude menée par Eugenio Beltrami, un mathématicien italien. Dans son livre *Essai d'interprétation de la géométrie non euclidienne*, l'auteur veut tout simplement affronter avec succès le « problème de la non-contradiction de la nouvelle géométrie »⁶⁰. En outre, il voulait montrer la continuité entre la géométrie euclidienne et les géométries non euclidiennes et attester que les géométries non euclidiennes ne peuvent pas se contredire entre elles. Pour y arriver, Beltrami se sert du modèle « pseudo-sphère-hyperbolique »⁶¹ connu sous le nom de « Bonnet de Beltrami »⁶².

En réalité, selon Granger, Beltrami voulait démontrer à partir de la géométrie elliptique que « deux droites ont toujours en commun un point et un seul, et dans le second cas (géométrie sphérique), elles en ont toujours deux »⁶³. Cela veut dire que, sur une sphère, les différentes figures du plan non euclidien de la géométrie sphérique sont tracées sur une surface à deux figures (bilatère) et les figures du plan non euclidien de la géométrie elliptique sont tracées sur une seule surface (unilatère)⁶⁴. Il en résulte que Beltrami avait l'intention de réunir la géométrie euclidienne et les géométries non euclidiennes dans un seul modèle.

---

⁵⁹   M. Bindungwa, *Une histoire de la pensée de la théorie de la relativité des Grecs antiques à Albert Einstein*, Kinshasa, Mediaspaul, 2011, p. 230.
⁶⁰   E. Giusti, *La naissance des objets mathématiques*, Paris, Ellipses, 2000, p. 90.
⁶¹   E. Giusti, *La naissance des objets mathématiques*, p. 90.
⁶²   *Ibid.*
⁶³   G.-G. Granger, *La pensée de l'espace*, Paris, Odile Jacob, 1999, p. 67.
⁶⁴   *Ibid.*

Dans cette même perspective, Cassirer évoque Félix Klein qui, à partir de sa théorie du groupe de transformation, réussit à intégrer les données des géométries non euclidiennes sur le plan de la géométrie euclidienne. Selon Cassirer, Félix Klein[65] montre que la géométrie elliptique avec une courbure constante et positive peut se laisser intégralement transposer dans le système de la géométrie euclidienne. Cette transposition, d'après Cassirer, « rend illusoire la valorisation d'une forme au détriment d'une autre »[66]. De son côté, Klein pense que toutes les géométries partagent le même destin, c'est-à-dire que « toute contradiction qui apparaît dans un système entraîne infailliblement une contradiction de même type dans l'autre système »[67].

Pour sa part, Cassirer ramène les mathématiques à leur point de départ, c'est-à-dire comme une doctrine de liaison et de relation à travers leur fonction. Pour lui, « les mathématiques sont et demeurent une pure doctrine de la relation »[68]. Il ajoute que c'est d'ailleurs le caractère fondamental qui définit de plus en plus leur forme moderne. D'après Cassirer, lorsqu'en géométrie on étudie une figure et sa nature, il n'est jamais question d'un « être-en-soi »[69] qu'on recherche, mais plutôt on recherche et s'intéresse aux « rapports entre ces figures »[70]. Ainsi, l'être mathématique n'est rien d'autre que les rapports que la géométrie entretient entre les figures. En effet, les figures géométriques ne peuvent acquérir leur détermination et leur signification que lorsqu'elles sont en connexion systématique à partir de laquelle elles s'insèrent et se définissent l'une par l'autre et non indépendamment l'une de l'autre. En plus, « il est clair que, pour cette conception, une géométrie donnée ne saurait être autre chose qu'un agencement déterminé d'ordres et de relations dont le caractère est établi par les règles de liaison et non par la nature absolue des figures qui sont

---

[65] F. Klein, *Sur ce qu'on appelle la géométrie non euclidienne*, 1871, p. 244, cité par E. Cassirer, *Problème de la connaissance 4*, p. 31.

[66] E. Cassirer, « Le problème de l'espace et la découverte de la géométrie non euclidienne », dans *Problème de la connaissance 4*, p. 36.

[67] *Ibid.*, pp. 36-37.

[68] E. Cassirer, « Le problème de l'espace et la découverte de la géométrie non euclidienne », dans *Problème de la connaissance 4*, p. 37.

[69] D. Hilbert, *Fondements de la géométrie*, cité par E. Cassirer, *Problème de la connaissance 4*, p. 37.

[70] *Ibid.*

en liaison »[71]. C'est ainsi que Cassirer pensa à l'unification des deux géométries à travers la connexion des figures.

David Hilbert a mené une étude approfondie et a démontré qu'il était possible non seulement de transposer les unes dans les autres les différentes propositions géométriques, mais aussi et encore possible de les transposer dans les propositions de l'analyse pure, c'est-à-dire dans la doctrine de l'arithmétique ; si bien que chaque contradiction qui apparaissait dans les propositions se retrouvait également dans l'arithmétique[72]. En effet, Hilbert associe les propositions géométriques et les nombres au point que, dans la transposition des propositions les unes dans les autres, une contradiction s'observe aussi en arithmétique. Encore, Hilbert, dans sa doctrine de la définition implicite, a montré qu'il était possible d'affirmer que la pensée mathématique a trait à des relations entre elles.

De son côté, Henri Poincaré est considéré, à partir de recherches, comme celui qui a voulu unifier les deux géométries. Il évoque, en effet, la cohérence des géométries non euclidiennes. Pour lui, à la suite de Beltrami, on ne peut pas arriver à une sorte d'absurdité même si on développait à fond les différentes géométries non euclidiennes. La préoccupation de Poincaré était de construire « un modèle euclidien de la géométrie non euclidienne, réinterprétant en termes non euclidiens quelques objets euclidiens »[73]. Selon Granger, Poincaré a transféré tout simplement les termes de la géométrie non euclidienne en géométrie euclidienne :

> « Dans le modèle de Poincaré pour la géométrie de Lobatchevsky, les "points" sont les points d'un demi-plan supérieur délimité par une droite, les "droites" sont les demi-circonférences de ce plan supérieur, centrées sur la droite et qui lui sont donc orthogonales, ou, cas limite, les demi-droites qui lui sont aussi orthogonales. On peut, sur ce modèle, définir une congruence de segment de "droites" et le modèle satisfait alors aux axiomes d'incidence, d'ordre, de congruence et de continuité de la géométrie absolue[74]. »

---

[71] *Ibid.*
[72] *Ibid.*
[73] E. Giusti, *La naissance des objets mathématiques*, p. 91.
[74] G.-G. Granger, *La pensée de l'espace*, p. 68.

Retenons qu'au-delà des efforts qui consistent à montrer la continuité et la réciprocité entre l'espace euclidien et les espaces non euclidiens, la naissance des géométries non euclidiennes a eu, dans l'histoire de la géométrie, un impact considérable mais elle a suscité aussi des problèmes épistémologiques. Nous allons épingler la problématique liée à l'expérience (empirie) dans la géométrie et celle liée à la pluralité d'espace.

§ 5. Problématique de l'expérience (empirie) en géométrie

Dans la *Critique de la raison pure*, Kant affirme « que les mathématiques sont le modèle de toute connaissance *a priori* »[75]. Cette affirmation était admise dans toutes les tendances philosophiques, qu'elles soient rationalistes ou empiristes. Les mathématiques deviennent, dans cette perspective, une connaissance apriorique, c'est-à-dire celle qui vient avant notre expérience. Par ailleurs, avec la naissance des géométries non euclidiennes, cette affirmation kantienne était ébranlée. Selon Cassirer, « la valeur et la force démonstrative de cet exemple ont semblé sérieusement ébranlées »[76]. Déjà, Gauss, avec la découverte de sa géométrie non euclidienne, avait essayé de séparer l'arithmétique du cercle de la géométrie. Il avait placé l'arithmétique et l'analyse dans le rang de la science « empirique de la nature »[77]. Chez lui, le nombre est le produit de notre esprit et la géométrie devrait être classée du côté de l'expérience en établissant les lois. De ce point de vue, il « sembla révéler une fracture inquiétante dans un édifice jusqu'alors si fermement structuré »[78].

L'arithmétique et la géométrie avaient acquis un fondement solide au cours de l'histoire des sciences mathématiques. Quand Descartes avait découvert la géométrie analytique, il contribua ainsi à nouer davantage le rapport qui existait entre l'arithmétique et la géométrie qui se fondaient mutuellement. De l'avis de Cassirer, si la relation qui unit l'arithmétique à la géométrie devrait se fondre, alors l'unité tout entière des mathéma-

---

[75] E. Kant, *Critique de la raison pure*, Paris, PUF, 1944, p. 495.
[76] E. Cassirer, *Problème de la connaissance 4*, p. 51.
[77] *Ibid.*
[78] *Ibid.*

tiques devrait aussi disparaître, « si ce lien devait se dissoudre, si l'origine du nombre était à rechercher dans l'esprit, l'origine de l'espace en dehors de l'esprit, alors l'unité actuelle des mathématiques disparaissait ; les mathématiques recouvraient désormais des classes d'objets totalement différentes et puisaient à différentes sources de connaissances »[79].

Pour ce faire, la pluralité de géométries ne semblait pas toucher à la rigueur et à la cohérence de toutes les géométries. D'où vient alors la primauté ou la place exceptionnelle de la géométrie euclidienne ? Nous avions dit que cela pouvait remonter jusqu'aux philosophes antiques tels que Platon et Descartes aux Temps moderne. Pour Cassirer, le vrai problème réside dans une instance, c'est-à-dire dans « l'empirie »[80]. C'est pourquoi il a dressé un tableau plus ou moins succinct de quelques illustres philosophes et physiciens qui ont apporté, à partir de leur recherche, un contenu à la problématique de l'expérience en géométrie à l'instar de J. S. Mill, M. Pasch, H. Poincaré et H. Helmholtz.

5.1. Apport de John Stuart Mill

John Stuart Mill, dans son empirisme ordinaire et dans sa logique, n'a pas eu de difficultés pour résoudre le problème du primat de la géométrie euclidienne face aux géométries non euclidiennes. Pour atteindre son objectif, il avait déduit, selon Cassirer, « le concept de mathématique de l'expérience, laquelle était elle-même considérée comme la simple somme des différentes perceptions des sens »[81]. À partir des différentes perceptions des sens, Mill crée le concept d'expérience et le colle aux mathématiques. Or ce concept d'expérience n'est rien d'autre que la somme des différentes perceptions des sens. Selon Cassirer, la conception mathématique la plus rigoureuse ne pouvait pas s'accommoder à cette solution prise par Mill. Raison pour laquelle il faut donc « inclure la pensée géométrique dans le cercle de la pensée empirique qui impliquait d'arracher préalablement l'empirisme au simple sensualisme et de lui donner un nouveau fondement plus solide »[82]. Parmi les mathématiciens

---

[79] E. Cassirer, *Problème de la connaissance 4*, p. 52.
[80] *Ibid.*
[81] *Ibid.*
[82] E. Cassirer, *Problème de la connaissance 4*, p. 52.

qui ont commencé cette recherche, Cassirer évoque la personnalité de Moritz Pasch.

5.2. Apport de Moritz Pasch

Selon Cassirer, M. Pasch, dans son *Cours sur la géométrie moderne* en 1882, avait fait des avancées en géométrie. Avec Pasch, il était question de démontrer pour la première fois que l'empirisme géométrique n'avait pas conduit à restreindre sa rigueur mais, au contraire, avait contribué à renforcer la « rigueur et la logique de la géométrie »[83]. Dans le préambule de son ouvrage, Pasch affirme que, dans la recherche des tentatives qui permettent un bon fondement de la géométrie, la question de l'expérience n'était pas encore évoquée. Il est donc le premier à penser à une telle perspective : « Dans les différentes tentatives pour asseoir la géométrie sur un nouveau fondement susceptible de satisfaire aux exigences de plus en plus grandes au fil du temps, l'origine empirique de la géométrie n'avait pas encore été mise en valeur de manière suffisamment décisive[84]. »

Pour réaliser son projet, Pasch se méfie de toute autorité philosophique et compte seulement sur les approches d'Auguste Comte : « Pasch suit pour l'essentiel les voies du positivisme et espère réaliser le programme du positivisme au sein de la géométrie[85]. » À cet effet, chez Comte, la géométrie ainsi que les mathématiques en général ne peuvent pas être considérées comme des sciences des concepts, mais des « sciences des faits »[86]. Car, toute connaissance digne de ce nom doit reposer sur les « faits et se limiter à leur constatation »[87]. Cassirer pense avec le système de l'empirisme que le primat accordé à la géométrie euclidienne n'est pas ébranlé et même sa valeur des connaissances est beaucoup plus traitée avec enthousiasme dans le système du rationalisme classique. De ce point de vue, aucun système philosophique, d'après lui, n'a valorisé la géométrie comme l'empirisme l'a fait.

---

[83] *Ibid.*
[84] *Ibid.*
[85] *Ibid.*, p. 53.
[86] *Ibid.*
[87] *Ibid.*

Quant à Auguste Comte, il observe une nette séparation dans les concepts qu'il avait créés entre « les faits particuliers et les faits généraux »[88]. Les mathématiques opèrent avec les faits généraux et cela entraîne que c'est la déduction et non l'induction qui est placée plus haut et qu'il la considère comme étant le « véritable fondement de la certitude »[89]. D'après Cassirer, « nous trouvons les déterminations de quantité et de nombres dans tous les phénomènes de la nature »[90]. C'est la raison pour laquelle les mathématiques se sont imposées en premier lieu dans notre esprit. À en croire Comte, on « réussit à l'élever au rang de savoir positif avant toutes autres disciplines »[91].

Par ailleurs, la fusion de l'empirisme et de la géométrie n'était pas fondée sur les assises épistémologiques, mais sur les approches qui se sont limitées au niveau d'un postulat de principe. C'est M. Pasch qui a donné les bases afin de trouver un fondement empirique à la géométrie. Pour Cassirer, « Pasch fit des recherches concrètes pour montrer dans le détail comment doit être une géométrie empirique et comment elle peut, dès son commencement, être édifiée avec rigueur scientifique »[92]. Pour atteindre son objectif, M. Pasch était obligé d'abandonner, comme le soutient Cassirer, « les définitions concrètes de la géométrie euclidienne du point, de la droite et du plan »[93]. Pour lui, ces définitions sont vides parce qu'elles ne se rapportent pas à un fait observable. En d'autres termes, ces définitions ne reflètent pas une réalité empirique ou expérimentale. On peut obtenir ces concepts à partir « des faits observables et des idéalisations ou par certains franchissements de limite »[94]. D'où, estime Cassirer, « la question initiale est donc de savoir ce qu'on peut substituer à ces éléments par lesquels commence toute réflexion géométrique »[95]. De ce fait, il importe en premier lieu de renoncer aux définitions euclidiennes et ensuite se référer à la nature. Car, comme le dit Pasch, la géométrie est une science de la nature, une « réfé-

---

[88] E. Cassirer, *Problème de la connaissance 4*, p. 53.
[89] A. Comte, *Système de politique positive*, Paris, 1851, tome 1, p. 517, cité par E. Cassirer, *Problème de la connaissance 4*, p. 53.
[90] *Ibid.*, p. 54.
[91] A. Comte, *Système de politique positive*, p. 518.
[92] E. Cassirer, *Problème de la connaissance 4*, p. 54.
[93] *Ibid.*, p. 54.
[94] E. Cassirer, *Problème de la connaissance 4*, p. 32.
[95] *Ibid.*

rence à des objets appropriés de la nature »[96]. Du point de vue de Pasch, le point, la droite, le plan, les objets de la géométrie euclidienne doivent changer de définition et doivent se référer aux éléments de la nature. Le point doit devenir, par exemple, un corps matériel que les limites de l'observation ne peuvent pas expliquer. Il est donc difficile, comme l'atteste Cassirer, d'observer et d'expliquer un point. Au-delà du point, du plan, de la droite, il y a aussi d'autres axiomes de la géométrie qui ne sont pas compatibles avec l'observation. Par exemple, « entre deux points, on ne peut tracer qu'une droite et une seule »[97]. Mais les points que cette droite peut relier ne peuvent pas nécessairement être trop près les uns des autres ; ils peuvent aussi s'éloigner. Par ailleurs, l'application des concepts, des principes fondamentaux de la géométrie n'est pas illimitée. Pasch est persuadé que « nous les avons étudiés sur des objets relativement proches, leur application au-delà de ce domaine ne saurait être autorisée sans autre forme de procès »[98]. Pour Cassirer, ce point de vue de Pasch entraîne une antinomie d'après les orientations kantiennes des mathématiques.

Dans la *Critique de la raison pure*, « ce factum demeure au moins en tant que factum historique et, comme tel, requiert une explication : pourquoi la géométrie, dès ses débuts comme science, a-t-elle choisi la voie de l'idéalisation et pourquoi lors de son édification s'est-elle entêtée dans cette voie de manière si cohérente, pour ne pas dire de manière si exclusive et obstinée ? »[99]. D'après Cassirer et selon sa première préoccupation en cette matière, la géométrie dès ses origines était une science de l'idéalisation. Tout au long de son fondement et de son édification, elle n'a pas abandonné cet aspect de l'idéalisation. Une deuxième préoccupation de Cassirer porte sur les questions suivantes : « Si la géométrie était une science de la nature, si son but était de rassembler les observations relatives aux objets matériels et de les systématiser de manière précise, alors sa façon de procéder ne devrait-elle pas apparaître comme un curieux détour voire comme une erreur inquiétante[100] ? »

---

[96] *Ibid.*
[97] *Ibid.*, p. 55.
[98] M. Pasch, *Vorlesungen über neuere Geometrie*, dans *Die Grundlehren der mathematischen Wissenschaflten*, XXIII, 2ᵉ éd., 1926, § 1, cité par E. Cassirer, *Problème de la connaissance 4*, p. 55.
[99] E. Cassirer, *Problème de la connaissance 4*, p. 55.
[100] *Ibid.*

Dans ce contexte, la géométrie n'est pas une science de la nature. Sinon, elle devrait avoir comme but principal de rassembler les observations relatives aux objets matériels afin de les systématiser. N'est-ce pas là une erreur ? Enfin, la troisième préoccupation cassirerienne porte sur ce questionnement : « une science de la nature qui se laisserait au commencement, guider par certaines observations pour aussitôt après se détourner de l'observation, en introduisant des éléments par principe inobservables, dont elle tirerait des conclusions seulement logiques, pécherait contre le premier commandement de l'observation et de la conceptualisation scientifique ? »[101]. De manière générale, une science de la nature, dès ses commencements, se laisse guider par des observations. Le cas de la géométrie en tant que science de la nature (physique pratique) pécherait contre cette procédure. Car elle doit commencer par une observation et tirer des conclusions logiques. D'après Cassirer, il est impossible que la géométrie soit une science de la nature et une science expérimentale : « Si la géométrie était une science expérimentale, alors l'exactitude dont elle se glorifie devrait s'attester justement par la précision des sources empiriques de ses concepts[102]. »

Du point de vue empirique, une telle exactitude devrait se faire à la manière dont s'opèrent les sciences empiriques en général c'est-à-dire « par la multiplication et la précision constante des moyens d'observation et grâce à des nouvelles constatations empiriques, par les vérifications toujours plus précises de ses concepts ou faits fondamentaux »[103]. Notons que Cassirer affirme que Pasch n'a pas suivi cette voie générale pour les systèmes géométriques. Il s'est orienté dans le « logicisme et le formalisme »[104]. En plus, Pasch s'est référé à l'affirmation kantienne d'après laquelle, « si la connaissance géométrique débute avec l'expérience, elle ne naît pas pour autant de l'expérience »[105]. Au reste, Pasch a eu de l'impact historique et a ouvert la voie aux recherches sur le fondement empirique de la géométrie. L'apport de Helmholtz a beaucoup éclairé les difficultés liées à cette problématique.

---

[101] *Ibid.*
[102] E. Cassirer, *Problème de la connaissance 4*, p. 55.
[103] *Ibid.*
[104] *Ibid.*, p. 56.
[105] *Ibid.*

5.3. Apport empirico-physiologique de H. Helmholtz

Les recherches de Helmholtz sont souvent qualifiées d'empirico-psycho-physiologiques. Dans le cadre de notre débat sur la question de l'expérience en géométrie, Helmholtz a suivi une autre voie que Pasch. Ce qui le caractérise est d'avoir saisi le problème de l'expérience dans une dimension universelle. La théorie helmholtzienne des raisonnements inconscients soutenue dans *L'optique physiologique* trace des points d'intersection entre sa théorie et celle de Descartes sur la dioptrique. Mais, les formes de ce raisonnement inconscient sont plus recherchées dans le modèle du raisonnement inductif et non dans les logiques et dans les mathématiques comme le fit Descartes. C'est à ce point qu'il faut tracer la ligne de frontière entre les deux. Pour Cassirer, Helmholtz a fait triompher l'empirisme à la place de l'innéisme ; comme l'avait fait Hering, il estime que « l'espace n'est pas une idée innée, sa genèse se laisse démontrer dans la conscience empirique de manière tout à fait rigoureuse [...] ; l'espace naît de simples sensations transformées par l'association et les conclusions inconscientes »[106].

Dans la philosophie de Helmholtz, relier par association et compléter par reproduction, les impressions des sens suffisent pour expliquer et admettre les impressions du sens de l'espace. C'est pourquoi il a commencé ses recherches sur la question de l'espace qu'il a liée au problème général de la physiologie de la localisation des objets dans le champ de la vision. Par cette orientation, Helmholtz se rapproche de Berkeley. En même temps, il ne conteste pas la problématique de l'espace comme forme *a priori* de Kant. Il voulait simplement donner à cette conception une autre version qui n'était pas en contradiction avec les intuitions fondamentales de sa physiologie des sens et qu'il complète et explicite. Disons avec Max Jammer que Helmholtz doit être considéré parmi les empiristes qui ont montré que les deux parties de la doctrine de Kant sur l'espace, c'est-à-dire « l'exposition métaphysique et l'exposition transcendantale ne sont pas aussi étroitement liées qu'on a pu le supposer à l'origine »[107]. Helmholtz voulait garder l'hypothèse kantienne stipulant que la géométrie euclidienne serait *a priori*. L'espace, en tant que forme *a*

---

[106] E. Cassirer, *Problème de la connaissance 4*, p. 56.
[107] M. Jammer, *Concepts d'espace. Une histoire des théories de l'espace en physique*, Paris, Vrin, 2008, p. 152.

priori, ne peut que nous amener vers une seule direction : « tous les objets du monde extérieur doivent nécessairement être doués d'extension spatiale. Cependant, le caractère géométrique de cette extension n'est, selon cette conception, qu'une question qui relève de l'expérience »[108].

Pour justifier la possibilité d'avoir l'intuition de l'espace non euclidien et pour fonder philosophiquement la science de l'espace, il introduit une distinction entre espace physique et espace représentatif à partir de laquelle il essaie d'expliquer la raison de la cohérence des géométries non euclidiennes par l'association et la représentation intuitive de l'espace. Pour expliquer la différence existant entre une force de l'espace connue *a priori* et l'espace euclidien considéré comme *a priori*, Helmholtz distingue entre l'espace représentatif ou intuitif et l'espace géométrique. L'espace représentatif est unique ; il est la condition de possibilité de l'expérience. L'espace géométrique, au contraire, est une description abstraite de l'espace représentatif.

Dans la *Philosophie des formes symboliques 3*, Cassirer rapporte de manière succincte le débat entre Helmholtz et Hering concernant la conception nativiste et innéiste de l'espace. En fait, l'empirisme a triomphé à la place de l'innéisme. Pour Cassirer, Helmholtz pense que « l'espace n'est pas une idée innée, sa genèse se laisse démontrer dans la conscience empirique de manière tout à fait rigoureuse »[109] et de son côté, Hering soutient que l'espace naît à partir des idées innées depuis la conception. Chez Helmholtz, l'espace, en tant que possibilité de coexistence, ne signifie pas qu'il est né de l'expérience mais que l'expérience en est le fondement. Pour le rôle de l'expérience :

> « Cette forme doit être pensée de manière absolument universelle et ne peut l'être que si nous la pensons vide et libre de tout contenu, c'est-à-dire de telle sorte qu'elle puisse recevoir n'importe quel contenu susceptible de s'y intégrer. La limitation se trouve dans l'axiomatique qui pose au fondement une géométrie particulière. C'est ici seulement que l'expérience a un rôle à jouer[110]. »

---

[108] *Ibid.*
[109] E. Cassirer, *Philosophie des formes symboliques 3*, p. 56.
[110] *Ibid.*, p. 57.

Dans ce sens, l'expérience intervient seulement dans la formation des axiomes qui fondent la géométrie. À partir de cette caractéristique, il est donc difficile que la géométrie euclidienne et surtout la validité de l'axiome des parallèles soient déduites dans la pure forme de l'intuition différemment que dans la géométrie non euclidienne. De ce fait, la géométrie euclidienne doit avoir une autre source ou une autre origine. Les axiomes de la géométrie ne découlent pas nécessairement de l'approche transcendantale donnée *a priori*, mais ils « doivent être regardés comme l'expression d'expériences fondamentales et déterminées, lesquelles sont à ce point générales que nous en oublions leur caractère empirique […]. Il renchérit que le processus de mesure ne commence pas seulement avec la géométrie, mais entre déjà dans toute expérience quotidienne de l'espace »[111]. Signalons que les axiomes sont considérés comme une expression d'expérience. Aussi la notion de la mesure ne commence-t-elle pas dans la géométrie, mais dans l'expérience quotidienne de notre vie. C'est pourquoi, selon Helmholtz :

> « lorsque nous effectuons une mesure, nous ne faisons que réaliser avec des moyens plus précis et plus fiables ce qu'habituellement nous cherchons à estimer par l'observation à l'œil nu, au toucher ou encore par le décompte du nombre des pas. Dans ces derniers cas, c'est nous qui transportons dans l'espace, tantôt la main, tantôt nos jambes délimitent notre sphère ; cela peut être aussi l'œil tournant en toutes les directions, tel celui du théodolite, avec lequel nous mesurons la longueur de la courbe ou l'angle du plan à l'intérieur de notre champ visuel[112]. »

Eu égard à ce qui vient d'être dit, l'espace, dans le contexte helmholtzien, est une expérience acquise dans la vie pratique. Mais, pour Cassirer, un tel point de vue s'applique par le fait que les différentes mesures que nous pouvons effectuer par nos organes du corps ou encore par un instrument artificiel présupposent une proposition dont la validité ne peut

---

[111] *Ibid.*, p. 56.
[112] H. Helmholtz, « Über den Ursprung und die Bedeutung der geometrischen Axiome », dans *Vorträge und Reden*, t. 2, p. 22, cité par E. Cassirer, *Philosophie des formes symboliques 3*, p. 57.

être établie *a priori* mais peut être induite à partir de notre expérience[113]. Cela veut dire qu'au-delà du fait que les mesures que nous effectuons dépendent de notre expérience de la vie pratique, leur validité intrinsèque n'est pas nécessairement apriorique au sens kantien, c'est-à-dire précédant l'expérience, mais leur validité est induite à partir de nos propres expériences vécues. Qu'en est-il de la perspective poincarienne ?

5.4. Le conventionnalisme d'Henri Poincaré

La démarche épistémologique d'Henri Poincaré est celle qui réfute l'expérience dans le fondement de la géométrie. Évoquant la pluralité de géométries, Poincaré s'est posé la question de savoir comment l'on peut reconnaître la vraie géométrie parmi tant d'autres. Raison pour laquelle il analyse la nature des axiomes géométriques[114]. Il arrive à la conclusion selon laquelle les axiomes géométriques ne sont pas des « jugements synthétiques *a priori* comme le disait Kant, ni des vérités expérimentales »[115]. Dans cette conclusion poincarienne, nous décelons deux volets. Le premier considère que les axiomes ne sont pas des jugements synthétiques *a priori* et le deuxième s'attelle à des vérités expérimentales des axiomes.

En analysant le premier volet, Poincaré estime que si les axiomes géométriques avaient adopté ce point de vue kantien, alors ils s'imposeraient avec force et il n'y aurait même pas l'existence des géométries non euclidiennes. Eu égard à l'impact avec lequel les théories géométriques de Kant s'étaient imposées, il était difficile d'envisager un autre type d'espace. Quant au deuxième volet de la conclusion : « devons-nous conclure que les axiomes de la géométrie sont des vérités expérimentales ? »[116], Poincaré estime que nous ne pouvons pas expérimenter sur les droites ou sur des circonférences idéales. Nous ne pouvons qu'expérimenter sur les objets matériels et palpables. En plus, Poincaré se pose la question de savoir sur quoi peut porter l'expérience dans le fondement de la géométrie. Pour lui, « ce que la géométrie emprunterait à l'expérience, ce serait donc les

---

[113] *Ibid.*, p. 57.
[114] H. Poincaré, *Science et hypothèse*, Paris, Flammarion, 1968, p. 74.
[115] *Ibid.*
[116] *Ibid.*, p. 75.

propriétés de ces corps »[117]. Il s'agit bien des propriétés des corps matériels dont elle a besoin pour asseoir son fondement. Par ailleurs, la difficulté persiste et, d'après Poincaré, elle est insurmontable[118]. Une fois de plus, si la géométrie était une science expérimentale, elle ne serait pas une science exacte parce qu'elle serait soumise à une révision continuelle des principes. Pour lui, la solution est claire : « Les axiomes géométriques ne sont donc ni des jugements synthétiques *a priori* ni des faits expérimentaux[119]. » Ce sont plutôt « des conventions ; notre choix parmi toutes les conventions possibles est guidé par des faits expérimentaux ; mais il reste libre et n'est limité que par la nécessité d'éviter toute contradiction »[120].

Dans ce contexte, le rôle de l'expérience réside dans la naissance de la géométrie et non dans son mode opératoire. C'est une erreur d'affirmer que la géométrie serait une science expérimentale ou une partie d'elle. Si la géométrie était une science expérimentale, elle serait « approximative et provisoire »[121]. Ainsi, l'expérience nous guide dans le choix qu'elle nous impose pour reconnaître non seulement si une géométrie est vraie, mais aussi pour savoir qu'elle est la plus « commode »[122]. Dans ce sens, il n'est plus nécessaire de poser la question de savoir si la géométrie euclidienne est vraie ou pas. Cette préoccupation n'a plus de sens à partir du moment où nous regardons *a priori* le rôle joué par l'expérience. Or, chez Poincaré, la géométrie euclidienne est et restera la plus commode « parce qu'elle est la plus simple […], parce qu'elle s'accorde assez bien avec les propriétés des solides naturels, ces corps dont se rapprochent nos membres et notre œil et avec lesquels nous faisons nos instruments de mesure »[123].

En effet, Poincaré a résolu la question de la dignité de la géométrie en intégrant un nouvel objet qui est « l'étude d'un groupe particulier »[124].

---

[117] *Ibid.*, p. 74.
[118] *Ibid.*
[119] *Ibid.*
[120] *Ibid.*, p. 75.
[121] *Ibid.*
[122] *Ibid.*, p. 94.
[123] *Ibid.*, p. 76.
[124] *Ibid.*, p. 93.

Car, le concept général de groupe préexiste déjà dans notre esprit. Cette notion « s'impose à nous non comme forme de notre sensibilité, mais comme forme de notre entendement »[125]. Par là, il disqualifie l'empirisme (le sensualisme dans le cadre de la géométrie) et parmi tous les groupes possibles il est intéressant de choisir un groupe qui peut nous servir d'étalon de mesure que les phénomènes naturels peuvent nous rapporter. Cette mesure sera étudiée par Klein comme groupe principal.

L'expression poincarienne « commode » fera couler beaucoup d'encre dans la mesure où elle comporte le risque de nous jeter dans la conception subjective de la géométrie. À ce propos, Félix Klein s'insurge contre Poincaré en affirmant que « nous sommes souvent tombés avec l'axiomatique moderne dans ce que la philosophie a depuis toujours appelé le nominalisme. Pour cette doctrine, les objets en tant que tels, ainsi que leurs qualités, n'ont pas d'intérêt »[126]. Pour Klein, contrairement à Poincaré, les axiomes de la géométrie ne sont pas des propositions arbitraires mais des propositions rationnelles qui sont occasionnées par la perception de l'espace et régulées par un contenu particulier par des raisons de convenance[127]. Cassirer, en adoptant le point de vue de Poincaré, estime que certaines expériences fondamentales faites à partir de ces objets ont conduit au développement d'une géométrie qui leur est adéquate et les présente le plus simplement possible. Ainsi, la géométrie ne peut pas être fondée par l'expérience. Mais l'expérience peut la déterminer ou la présupposer. Donc, l'expérience doit être considérée comme « un principe de sélection et non un véritable fondement de droit de la géométrie, son *quid juris* »[128]. De son côté, Albert Einstein a reconnu l'approche conventionnaliste de Poincaré qu'il critiqua et appliqua dans ses théories de la relativité. Pour tout dire, la question de l'expérience en géométrie demeure problématique lorsque les auteurs se comprennent, s'apprécient et se réfutent mutuellement. Disons un mot sur la métagéometrie.

---

[125] *Ibid.*
[126] F. Klein, *Elementar Mathematik* II, p. 202, cité par E. Cassirer, *Problème de la connaissance 4*, p. 60.
[127] *Ibid.*, p. 60.
[128] *Ibid.*, p. 61.

§6. Problématique de la métagéométrie/ pluralité d'espaces

La métagéométrie est née des géométries non euclidiennes parce que la géométrie euclidienne n'avait pas le seul monopole du contenu et du fonctionnement logique. L'ensemble de la géométrie euclidienne et des géométries non euclidiennes forme ce que nous appelons « la métagéométrie ou la géométrie générale »[129]. Il s'agit, de la question métaphysique en géométrie. Dans *Substance et fonction*, Cassirer atteste que la question de la métagéométrie demeure problématique quand elle permet non seulement d'avoir des précisions sur les progrès qui ont caractérisé les mathématiques, mais aussi de recadrer nos perceptions sur l'idée de l'origine et des fondements des mathématiques. C'est au « problème de la métagéométrie que l'on doit les changements qui ont affecté, non seulement le bilan global des connaissances mathématiques, mais aussi l'idée que l'on se faisait de leur fondement et de leur origine »[130]. Cela veut dire que la question de la métagéométrie reste un problème épistémologique qui découle de la pluralité des espaces. Ce problème a animé la plupart des conférences, des débats entre les philosophes et les mathématiciens.

Nous constatons avec Cassirer que l'avènement de la métagéométrie entraînait le caractère empirique des concepts géométriques. Sur ce, Cassirer se réfère, dans *Substance et fonction*, à une étude menée par Giuseppe Veronese, un mathématicien italien, qui a essayé de renouveler les principes du contenu géométrique en établissant des lois rationnelles. La plupart des mathématiciens, selon Cassirer, s'accordent pour affirmer que « la géométrie traditionnelle de l'espace à trois dimensions aurait un seul fondement, à savoir l'expérience »[131]. La géométrie ancienne, de par son origine, est parfois qualifiée de science empirique. Une telle perspective créa un débat entre philosophes et mathématiciens.

Cassirer, dans ce débat, reste persuadé que la philosophie a toujours refusé de perdre son lien avec la réalité et n'a pas osé effectuer des formes

---

[129] P. Mansion, « Premiers principes de la metagéométrie ou géométrie générale », *Revue néo-scolastique*, 3ᵉ année, n° 10, 1896, p. 144.
[130] E. Cassirer, *Substance et fonction*, pp. 123-124.
[131] G. Veronese, *Fondements de la géométrie à plusieurs dimensions*, 1894, p. VIII, note 1, cité par E. Cassirer, *Substance et fonction*, p. 124.

d'abstraction comme cela se fait dans la pensée mathématique[132]. Raison pour laquelle, ce qui était familier aux mathématiques devient difficile à effectuer en philosophie. Cassirer, se référant à Kant, pense que « la philosophie devrait renoncer à son orgueil ontologique, qui prétend fournir au sein d'une doctrine systématique des connaissances synthétiques *a priori* des choses en général ; ce titre devrait céder la place à celui plus modeste de simple analytique de l'entendement pur »[133].

Par là, Kant détruit la métaphysique, et surtout la philosophie, en refusant qu'elle soit une ontologie. Par ailleurs, chez les post-kantiens, le problème de la critique de la connaissance devrait se transmuer en problème ontologique (épistémologie = ontologie). Cette transformation n'avait pas épargné la notion de l'espace et déjà les grands mathématiciens et philosophes avaient préparé le terrain. Cassirer cite Descartes qui, dans son élaboration de la géométrie analytique, lia le problème de l'espace en premier lieu avec celui du nombre. Ce qui avait donné une orientation tout à fait intellectuelle et une nouveauté à ce problème. Mais lorsqu'il s'agissait d'élaborer sa métaphysique, l'espace n'était plus une forme déterminée d'ordre capable d'être comparé au nombre, il était devenu, selon Cassirer, une « chose absolue, une substance étendue »[134].

Dans la conception mathématique et métaphysique de Descartes résident des souches d'une approche substantialiste héritée de la tradition philosophique. *A contrario*, Leibniz s'insurge contre Descartes à propos de la conception substantialiste et métaphysique. D'après Cassirer, chez Leibniz, l'espace a un caractère idéal[135]. Cette idéalité de l'espace ne doit pas porter atteinte à son objectivité ni à en faire une « simple représentation au sens subjectif et psychologique »[136]. Donc, l'idéalité leibnizienne de l'espace doit plus définir l'objectivité en sa signification spécifique et seule légitime afin de garantir la « nécessaire validité des vérités géométriques »[137].

---

[132] E. Cassirer, *Problème de la connaissance 4*, p. 38.
[133] E. Kant, *Critique de la raison pure*, 2ᵉ éd., p. 303, cité par E. Cassirer, *Problème de la connaissance 4*, p. 38.
[134] E. Cassirer, *Substance et fonction*, p. 38.
[135] *Ibid.*
[136] *Ibid.*
[137] E. Cassirer, *Problème de la connaissance 4*, p. 38.

Au XVIIe et au XVIIIe siècle, le fameux débat qui opposa Newton à Leibniz a permis à Newton d'avoir un point de vue plus clair par rapport à Leibniz à cause de la conception leibnizienne de l'idéalité de l'espace qui n'était pas appréciée aux yeux des physiciens et de certains philosophes. La conception newtonienne de l'espace absolu était admise dans l'entendement de plusieurs physiciens et philosophes au point d'en faire l'objet de leur recherche. De là suit que les géométries non euclidiennes ont eu des difficultés à leur naissance à bien émerger à cause des positions importantes de Newton sur l'espace absolu (fondé à partir de la géométrie euclidienne). Dans ce sens, si la philosophie acceptait une pluralité d'espaces, cela constituerait l'émiettement de la philosophie en son sein propre en différentes branches de l'espace.

La pluralité des espaces entraînerait, dans ce contexte, la division de la philosophie en plusieurs sous-branches bien qu'elle soit une science unie et universelle. Cependant, la philosophie, selon Cassirer, devrait renoncer à « honorer son exigence essentielle : être une connaissance absolument "une" et "universelle" de la réalité effective »[138]. Dans le débat qui opposait les philosophes aux mathématiciens à propos de la naissance des nouveaux types d'espaces, les philosophes luttaient en vue de protéger la philosophie contre l'émiettement ou la régionalisation épistémologique. Parmi les philosophes qui ont entraîné ce débat, Cassirer cite Lotze, Wundt, Kant et Klein.

6.1. Lotze

À en croire l'auteur du *Problème de la connaissance*, c'est avec Lotze que la tendance de la philosophie à mater les mathématiques commença avec une nette particularité. Il a intégré la discussion de la métagéométrie non pas à cause de sa logique mais plutôt à cause de sa métaphysique. À ce propos, Cassirer estime que « chez Lotze, dans la spéculation méta-géométrique, il y a une erreur énorme, unique et systématique que la philosophie a non seulement le droit, mais aussi le devoir de combattre avec la plus grande fermeté »[139]. Lotze pense que le problème de la métagéo-

---

[138] E. Cassirer, *Problème de la connaissance 4*, p. 38.
[139] *Ibid.*, p. 39.

metrie ne doit pas être étudié par les mathématiques mais plutôt par la philosophie :

> « Je n'arrive pas à me convaincre qu'un grand nombre de mes collègues qui applaudissent aux nouvelles théories comprennent effectivement et avec tant de facilité ce qui me paraît à moi, totalement incompréhensible : je crains qu'effarouchés à l'idée de dépasser leur fonction de philosophes, ils ne prennent pas suffisamment de recul et que dans cette zone limite entre les mathématiques et la philosophie, ils ne fassent pas prévaloir les scrupules sérieux qu'ils devraient manifester au nom de la philosophie contre bon nombre de spéculations du présent[140]. »

Par ailleurs, d'après Cassirer, Lotze n'a pas échappé non plus à ce jeu aveuglant des ambiguïtés que lui-même avait reprochées à la métagéometrie. Car il ne prend pas les problèmes mathématiques dans leur sens immanent (source et essence), mais il considère dans le sens qui les dépasse (transcendant). Par exemple, Cassirer explique comment Lotze veut savoir si une chose absolue déterminée qu'il nomme « espace » peut posséder ou non certaines qualités. Enfin, selon Cassirer, Lotze tombe lui-même dans l'absurdité du débat sur le contenu de l'espace et pense que « cela doit lui sembler le summum de l'absurdité d'attribuer comme le font les différentes géométries »[141]. C'est Wundt qui prend le débat avec toute prudence.

6.2. Wundt

Dans sa critique des nouvelles géométries, Wundt se montre indéniablement plus prudent dans sa prise de position. Cet auteur, d'après Cassirer, n'accorde pas « une valeur gnoséologique à la spéculation moderne »[142]. Pour lui, si l'examen des possibilités peut, certes, être un jeu d'esprit attrayant, il n'en demeure pas moins qu'il ne dit rien sur la réalité effective. Il se pose la question suivante : « le monde effectif est-il meilleur de

---

[140] Lotze, *Metaphysik* (2ᵉ éd.), Leipzig, 1884, p. 234, cité par E. Cassirer, *Problème de la connaissance 4*, p. 39.
[141] *Ibid.*, p. 40.
[142] *Ibid.*

tous les mondes possibles ? »[143]. Depuis Kant, c'est le monde effectif (le monde réel) qui est le seul qui existe et il n'y a aucun monde qui soit vrai en dehors du monde réel. De ce fait, on ne peut pas parler de la qualité d'un monde qui n'existe pas, comme l'a fait Lotze. Encore, nos concepts, pour acquérir leur validité objective, doivent-ils être issus de la réalité du monde actuel. Il est drôle, voire absurde, de vouloir faire surgir, par une simple variation des concepts mathématiques, de nouveaux espaces et de nouveaux mondes.

Dans la conception de Cassirer, les géométries non euclidiennes, selon Wundt, ne viennent pas de notre monde et ne sont conceptualisables que dans la mesure où la conceptualisation s'effectue à partir de notre propre monde de la réalité :

> « L'opinion selon laquelle la représentation d'un espace organisé différemment serait possible [...] n'est pas comparable à l'opinion qui consisterait à dire que nous pouvons nous représenter des hommes portant leur tête dans leurs mains plutôt que sur leurs épaules, mais cette opinion doit être rapprochée de cette autre selon laquelle, notre fiction serait en mesure de faire exister effectivement de tels hommes[144]. »

Pour Cassirer, Wundt, avec ce ton très sévère et rigoureux, n'a pas su trouver la solution au combat entre mathématique et philosophie. À cet effet, qu'en est-il de l'apport de Kant ?

6.3. Kant

Plusieurs recherches portant sur la question de la métagéométrie montrent que la théorie kantienne sur le caractère synthétique et expérimental des propositions géométriques se révèle contredite[145]. En effet, si, chez Kant, les concepts mathématiques procèdent par construction et sont *a priori*, il devient impossible d'admettre une pluralité d'espaces

---

[143] Wundt, *Logik*, 2ᵉ éd., Stuttgart, 1893, t. I, p. 496 ss, cité par E. Cassirer, *Problème de la connaissance*, p. 40.
[144] *Ibid.*
[145] C. Sentroul, « Kantisme et métagéométrie », *Revue néo-scolastique de philosophie*, 17ᵉ année, n° 65, 1910, p. 5.

lorsque lui-même se réfère à la géométrie euclidienne qu'il juge efficace et solide pour représenter le monde de notre réalité. Paul Mansion pense que « la métagéométrie, en montrant l'inanité des idées de Kant sur l'espace, a donc ruiné par la base la métaphysique du criticisme »[146].

La pluralité de géométries n'a pas permis l'affirmation kantienne consistant en ce que « les mathématiques soient le modèle de toute connaissance *a priori*[147] du point de vue de la rigueur méthodologique ». Donc, la métagéométrie a démantelé l'idée kantienne de « l'impératif géométrique »[148]. Encore ébranla-t-elle la conception kantienne de l'espace qui serait comme une représentation nécessaire *a priori* et serait la géométrie euclidienne. Disons que la métagéométrie impliquait une infinité de géométries et il devenait difficile à la théorie de Kant de s'appliquer.

Cassirer s'appuie sur cette conception afin de répondre à une des objections de la philosophie critique de Kant contre les théories géométriques modernes. Pour lui, chez Kant, l'espace est « un » et non « pluriel ». Car il est une forme *a priori* de l'intuition sensible : « les géométries non euclidiennes réduisaient à néant le postulat fondamental de la critique reposant sur le concept d'espace *a priori* »[149]. Ainsi, dans la perspective kantienne, la reconnaissance des géométries non euclidiennes entraînerait le morcellement de la théorie de l'espace unique en une pluralité hétérogène. Cette objection kantienne est admise lorsqu'on est dans une perspective « substantialiste de l'espace »[150]. Or Cassirer est contre cette approche où l'espace est une chose subsistant par soi « que la géométrie doit reconnaître et dont elle doit livrer une reproduction fidèle et complète »[151].

Mais la pluralité des points de vue des géométries ne perd pas l'unité et la détermination de l'image originaire. Si l'on veut essayer de déterminer cette image originaire de l'espace, Cassirer estime que « c'est imman-

---

[146] P. Mansion, « Premiers principes de la métagéométrie ou géométrie générale », *Revue néo-scolastique*, 3ᵉ année, n° 10, 1896, p. 225.
[147] E. Kant, *Critique de la raison pure*, p. 495.
[148] P. Mansion, *art. cit*, p. 144.
[149] E. Cassirer, *Problème de la connaissance 4*, p. 48.
[150] *Ibid*.
[151] *Ibid*.

quablement se heurter à des antinomies »[152]. Celles-ci réapparaissent sans qu'elles soient suscitées par la conceptualisation géométrique, mais viennent s'imposer suite au problème erroné de la question de l'espace étudié en dehors même de la géométrie. De ce fait, Kant devrait normalement accepter la métagéométrie en tant que voie de l'unification du système géométrique. À l'époque où Lotze, Wundt et Kant élaboraient leurs objections contre les mathématiques sur la pluralité d'espaces, certains mathématiciens ont essayé de résoudre ce malentendu qui persistait par des considérations purement mathématiques, à l'instar de Félix Klein dont nous aurons à détailler le contenu de l'œuvre dans le chapitre suivant. Avant cela, disons un mot du rapport entre espace géométrique et physique.

§7. Rapport espace géométrique et physique

Rappelons que la physique et les mathématiques sont liées étroitement. Elles s'influencent et se fondent mutuellement. Déjà au début de l'histoire des sciences, la physique s'appelait « la mathématique naturelle ». La physique théorique devenait solide et pratique à cause de la mathématisation de ses principes. Ce qui importe dans cette section n'est pas le fait de retracer l'histoire des sciences en vue de montrer le rapport qui existe entre ces deux domaines des sciences exactes. Ce qui est utile est de montrer le rapport entre la géométrie et la physique, ou encore de montrer comment les géométries euclidiennes et non euclidiennes ont contribué à changer le paradigme dans le cadre de la recherche en physique. Nous n'allons pas non plus présenter d'une manière exhaustive la relation que la géométrie entretient avec toutes les théories physiques. L'objectif assigné est d'attester seulement le rapport qui existe entre la géométrie et les différentes théories physiques.

Einstein note que, dans la mécanique newtonienne, l'espace et le temps jouaient deux rôles importants. Le premier rôle était celui d'un support, soit du processus physique par rapport auquel les événements sont décrits par les coordonnées de référence espace-temps. Le second rôle

---

[152] E. Cassirer, *Problème de la connaissance 4*, p. 48.

que jouaient ces concepts était celui de « système d'inertie »[153]. En effet, la physique était considérée indépendante des sujets pensants et formée, d'une part, de l'espace et du temps et, d'autre part, de points matériels durables qui sont en mouvement par rapport à eux. L'idée de l'espace et du temps persistait au cas où la matière disparaissait. Ainsi, c'est la notion de champs qui essayait de dépasser les concepts d'espace et de temps.

En réalité, dans la mécanique newtonienne, l'espace et le temps étaient des entités séparées et il n'y avait pas de rapport d'interdépendance : « l'espace était absolu, sans relation aux choses extérieures, [...] toujours similaire et immobile »[154]. Cette caractéristique absolue de l'espace et du temps s'accommodait avec la notion des mouvements qui était aussi absolue. Ainsi, « cette mécanique classique croyait aussi en l'existence des mouvements absolus, fondamentaux par rapport auxquels tous les autres devraient être repérés et interprétés : les mouvements inertiels »[155]. Comme il n'y avait pas de rapport entre la masse et l'énergie, la masse était constante à n'importe quel état où elle se trouvait (même en mouvement).

Par rapport à la lumière, elle s'identifiait à une onde énergétique déplaçant dans une matière qui était élastique qu'on appelait l'éther. Par ailleurs, dans les deux théories de la relativité, Einstein essaya de changer cette vision du monde concernant le rapport de l'espace et du temps, la question du mouvement, de la lumière et de la masse-énergie. Il s'agit de la revisitation, de la réforme et de la « révision radicale des notions d'espace et de temps »[156].

Le XXᵉ siècle était révolutionné dans la science physique par les théories einsteiniennes de la relativité d'abord restreinte et ensuite générale et, enfin, par l'origine de la physique quantique en élargissant l'hypothèse du quantum de Max Planck. C'est quand Einstein appliqua la notion de quanta d'énergie à la lumière qui devient une onde (tendance ondulatoire) au lieu des corps (approche corpusculaire) qu'il a obtenu le

---

[153] A. Einstein, *La théorie de la relativité restreinte et générale*, p. 159.
[154] J. Hladik, *La relativité selon Einstein*, Paris, Ellipses, 2000, p. 25.
[155] M. Bindungwa, *Une histoire de la pensée de la relativité. Des Grecs antiques à Albert Einstein*, p. 205.
[156] *Ibid.*, p. 23.

prix Nobel de la physique en 1921[157]. C'est en 1905 à travers ses cinq mémoires qu'Albert Einstein (1879-1955) apporta pour la première fois des précisions sérieuses sur la théorie de la relativité restreinte.

Ainsi, dans la théorie de la relativité restreinte, des bouleversements sérieux ont caractérisé le monde de la physique. Il y a eu changement de rapport de l'espace et du temps. Si, chez Newton, les deux concepts étaient séparés et chacun indépendant de l'autre, chez Einstein, on assiste à l'unification de l'espace et du temps en une seule entité physique. Cela entraîne que l'espace et le temps ne sont plus absolus mais relatifs. En plus, Einstein rejette la conception kantienne de l'espace et du temps en tant que cadres *a priori*[158]. Face à une telle problématique, Cassirer, néo-kantien de Marbourg, prenait parti pour la théorie transcendantale de Kant en montrant son application à la théorie de la relativité. Une telle perspective a été saluée par Einstein lui-même dans une correspondance avec Cassirer du 5 juin 1920 : « Je crois que votre ouvrage est tout à fait propre à éclairer les pensées et les connaissances des philosophes sur le problème physique de la relativité[159]. »

En effet, la théorie de la relativité restreinte est fondée sur les principes de la relativité restreinte et le principe de la constance de la vitesse de la lumière. Pour ce qui est du rapport de l'espace et du temps, Einstein admet un espace à quatre dimensions et rejette l'espace à trois dimensions issu de la géométrie euclidienne. La nature de cet espace est plate et de courbure nulle. Sa métrique ne varie pas d'un point à un autre. Cet espace est statique dans la relativité restreinte. L'espace comme un continuum à trois dimensions renvoie à la possibilité de déterminer la position d'un point immobile à partir de trois coordonnées : x, y, z. Ces points correspondent à d'autres points voisins dont la position est déterminée par des coordonnées x_1, y_1, z_1. C'est à cause de cette propriété des coordonnées que nous évoquons le continuum de l'espace à trois dimensions à partir des trois coordonnées citées.

---

[157] J. Hladik, *La relativité selon Einstein*, p. 3.
[158] *Ibid.*, p. 4.
[159] E. Cassirer, *La théorie de la relativité d'Einstein. Éléments pour une théorie de la connaissance.* Présentation et traduction de l'allemand par Jean Seidengart, Paris, Cerf, 2000, p. 8.

Cependant, Hermann Minkowski introduit l'espace à quatre dimensions qu'il applique dans un monde qu'il appelle monde tout court. Il établit le formalisme mathématique qu'il applique à sa quadridimensionnalité de l'espace. Au lieu de trois coordonnées, Minkowski utilise quatre coordonnées : x, y, z et une coordonnée du temps, t. Il appert que le continuum d'espace-temps de la relativité restreinte est considéré comme le continuum euclidien. Par ailleurs, Einstein jugea sa théorie insuffisante par le fait qu'en essayant d'appliquer certaines formules mathématiques, surtout les équations gravitationnelles, le calcul tensoriel, etc., il fallait passer à une théorie un peu plus généralisée qui pourrait embrasser tous les problèmes non traités dans la relativité restreinte. C'est la naissance de la théorie de la relativité générale.

La théorie de la relativité générale est le fruit d'un long travail de près de dix ans d'élaboration. Dans cette théorie, Einstein assimile les nouvelles théories mathématiques et surtout la géométrie de Riemann (elliptique) pour aboutir aux équations gravitationnelles et au calcul des tenseurs afin de donner les nouveaux principes à la nouvelle théorie inventée. La théorie de la relativité générale fut publiée en 1916 et comprend comme principes : « les principes de la relativité générale, d'équivalence et de covariance générale »[160].

Pour ce qui est de l'espace, la relativité générale a introduit une autre sorte d'espace. Il s'agit de l'espace elliptique de Riemann. En face d'un champ gravitationnel, la géométrie de l'espace-temps se courbe. Cette courbure n'est pas constante mais varie en fonction de la quantité de la matière et de la distance vis-à-vis de toute quantité de la matière, c'est-à-dire en fonction du potentiel de gravitation. Ainsi, les lignes des déplacements deviennent des géodésiques, c'est-à-dire des sphères elliptiques. La relativité générale possède une géométrie gravitationnelle à quatre dimensions avec les points des coordonnées x_1, x_2, x_3, x_4. De là suit que x_1, x_2, x_3, sont les coordonnées de l'espace et x_4 est considéré comme coordonnée du temps. D'où, il y a fusion entre l'espace et le temps.

Retenons que, pour élaborer la théorie de la relativité générale, Einstein s'est servi des équations de la courbe de Riemann afin de fonder sa théorie de la gravitation. Alors que, dans la relativité restreinte, il utilisait

---

[160] M. Bindungwa, *Une histoire de la pensée de la relativité*, p. 222.

la géométrie euclidienne qui est rectiligne et que la propagation de la lumière était considérée comme se faisant en ligne droite. Einstein a changé la structure de l'espace-temps, suite à la découverte de la courbe de Riemann. Désormais, la structure l'espace-temps devenait curviligne et non rectiligne. Dans ce sens, la ligne droite euclidienne est incluse dans la courbe de Riemann qui se présente comme générale et englobante. Si à la relativité restreinte la trajectoire des rayons lumineux était présentée en ligne droite, dans la relativité générale, elle est présentée sous forme d'une courbure. Dans ce sens, le rayon lumineux se courbe au voisinage du soleil.

Il s'ensuit que le passage de la relativité restreinte à la relativité générale nous fait entrer dans un nouvel univers. On ne se contente plus d'une géométrie qui avait seulement permis l'analyse des trajectoires (rectiligne d'Euclide), mais on affirme que l'espace et le temps ne peuvent être considérés ni comme des réalités physico-mathématiques indépendantes l'une de l'autre ni comme des réalités dépendantes du couple matière-énergie. Dans cet espace-temps, la gravitation est le résultat d'une géométrie dans laquelle les géodésiques, les seules trajectoires possibles, sont des courbes. Par ailleurs, la question de l'espace devient difficile quand on passe à la physique quantique.

Si, dans la physique classique et relativiste, l'espace est soit séparé du temps (physique classique), soit lié au temps (physique relativiste), il n'en est pas question dans la physique quantique. C'est un domaine qui est réputé difficile à aborder à cause de ses défis à relever et de ses paradoxes[161] à résoudre. En plus, le monde qu'il nous présente relève de l'infiniment petit, c'est-à-dire un monde microscopique (atomique). Disons que la critique de l'espace physique par la physique quantique est portée par les relations d'indétermination – « distribution spectrale des variables conjuguées d'espace et d'impulsion, par la dualité onde-corpuscule »[162].

Dans la physique quantique, la difficulté de représenter l'espace s'affirme quand il faut penser au mouvement des quanta qui se fait d'une manière indéterminée ou incertaine, d'où l'équation de l'incertitude de

---

[161] T. Boyer-Kassem, *Qu'est-ce que la mécanique quantique ?* Paris, Vrin, 2015, p. 7.

[162] M. Pathy, « L'espace physique vu du monde quantique : une approche épistémologique », dans M. Lachieze-Rey (dir.), *L'espace physique entre mathématiques et philosophie*, Paris, EDP Sciences, 2006, p. 43.

W. Heisenberg : « Δx.Δp>ℏ »[163]. D'ailleurs, Einstein lui-même reconnaissait que la « physique quantique ne se proposait pas de donner une représentation mathématique en termes d'espace et de temps »[164]. De nos jours, le débat continue sur le fondement et l'interprétation de la physique quantique en physique comme en philosophie. Dans ce cadre, disons un mot sur le rapport entre l'espace géométrique et l'espace de la perception.

§ 8. Rapport espace géométrique et espace de la perception chez Cassirer

D'après Cassirer, il n'y a pas de relation entre l'espace de la perception (tactile et visuel) et l'espace pur des mathématiques (la géométrie), mais seulement des divergences. Une comparaison entre l'espace physiologique et l'espace métrique atteste ce degré d'opposition entre ces deux types d'espaces. Ce qui est posé dans l'un est nié dans l'autre. Pour Cassirer, l'espace géométrique est défini par trois critères fondamentaux : « la continuité, l'infinité et l'homogénéité »[165]. L'espace de la perception sensible n'a pas la notion d'infinité. Il est, au contraire, restreint par les limites de la faculté même de la perception et donc borné à un canton bien délimité de l'élément spatial[166].

Pour Cassirer, l'homogénéité de l'espace géométrique signifie que tous les points qui s'agglomèrent dans cet espace sont de simples déterminations logiques et ne possèdent, en dehors de cette relation, aucun contenu propre et autonome. Ces points ne trouvent leur existence que grâce à l'espace géométrique. En ce sens, leur réalité est contenue dans ce rapport mutuel entre les points en tant que déterminations topologiques de l'espace géométrique lui-même. Comme ces points dans l'espace sont vides de tout contenu et qu'ils sont devenus l'expression de relations idéelles, ils n'ont pas besoin d'une diversité de contenu compte tenu de leur statut.

---

[163] *Ibid.*
[164] *Ibid.*
[165] E. Cassirer, *La philosophie des formes symboliques 2*, Paris, Minuit, 1972, p. 109.
[166] *Ibid.*

Sur ce, leur homogénéité signifie aussi l'identité de structure qui est fondée sur le caractère commun de leur tâche logique, de leur signification et de leur détermination idéelle. Cassirer évoque le postulat de Grassmann en affirmant qu'« à partir de chaque point de l'espace, il est possible d'effectuer des constructions semblables en tous lieux et dans toutes les directions »[167]. Dans l'espace de la perception, il n'y a pas d'homogénéité. Selon Cassirer, l'espace tactile et l'espace géométrique possèdent les mêmes caractéristiques : « anisotropes et inhomogènes »[168]. Par ailleurs, il a tenté, dans une étude sur le rapport entre la perception et la géométrie, d'établir ce rapport à partir de la théorie de groupe de transformation en mathématique, dans laquelle la figure de Félix Klein reste de proue.

§9. L'espace comme lieu et étendue dans la tradition rationaliste et empiriste

9.1. Descartes et l'approche rationaliste

Cassirer décrit le concept d'espace chez Descartes par une relation étroite entre l'analyse du concept d'espace et le concept de substance. Cette corrélation fonctionne du point de vue de la méthode entre la connexion ontologique/métaphysique et des problèmes liés à l'espace. L'espace est une étendue (*extensa*), il est l'attribut essentiel de la substance. Une telle étude se confirme dans la perspective de la métaphysique cartésienne où la chose en tant qu'objet empirique ne peut recevoir une définition claire et distincte que par ses déterminations spatiales. Par exemple, l'extension d'un objet en longueur, largeur et profondeur est notre manière propre de qualifier objectivement un objet de l'expérience. Selon Cassirer, il y a chez Descartes une unité, un rapport objectif entre le concept de chose et le concept mathématique d'espace. Ces deux concepts se fondent sur leur « attachement commun à une seule et même fonction logique et sur leur enracinement commun en elle »[169].

---

[167] *Ibid.*, p. 110.
[168] *Ibid.*
[169] E. Cassirer, *Philosophie des formes symboliques 3*, p. 168.

Il s'ensuit que l'identité de la chose, la continuité et l'homogénéité de l'étendue géométrique ne sont pas des données immédiates de l'impression ou de la perception sensible. Cassirer, à la suite de Descartes, estime que :

> « La vue ne nous fait rien connaître que des images, l'ouïe rien que des bruits ou des sons : aussi est-il clair qu'une chose que nous pensons être en dehors de ces images et de ces sons comme désignée par eux ne nous est pas donnée par des représentations sensibles venues du dehors, mais bien par des idées innées qui ont leur siège et leur origine dans notre propre pensée[170]. »

Descartes adopte une approche rationaliste, car il pense qu'aucune certitude ne peut provenir des organes des sens ; ceux-ci nous trompent de temps en temps à partir de la perspective illusionniste de l'espace. Descartes se confie à l'esprit, à l'idée, à la raison, estimant que nos représentations spatiales ne proviennent que de notre propre idée. Toutes les déterminations que nous avons l'habitude de coller à l'espace de l'intuition ne sont que de purs caractères logiques qui sont à leur tour des propriétés distinctives comme la continuité, l'infini, l'homogénéité, qui sont considérés comme les éléments constitutifs de l'espace de la géométrie pure.

L'intuition de l'espace des choses, de l'espace physique, ne nous peut se réaliser autrement. En plus, pour avoir accès à cette intuition spatiale, l'entendement de son côté, doit rassembler les données (data) individuelles que les sens lui livrent, ensuite comparer ces données entre elles, mieux les accorder entre elles et enfin le résultat obtenu de cet accord de la coordination des données produit :

> « L'espace en tant que schéma constructif dont la pensée trace le croquis comme une création de cette mathématique universelle : car ce qu'on nomme grandeur, distance, positive respective des choses entre elles, n'est rien qu'on puisse voir ou toucher : on ne peut que l'évaluer et le calculer[171]. »

---

[170] E. Cassirer, *Problème de la connaissance 1*, Paris, Cerf, 1991, p. 489.
[171] E. Cassirer, *Philosophie des formes symboliques 3*, p. 169.

Ainsi, tout acte de perception spatiale enveloppe un acte de mesure et par suite de déduction mathématique. Au demeurant, la rationalité dans le contexte où Cassirer se réfère à Descartes, renvoie à un sens qui englobe la raison, le calcul. En outre, cet acte domine et envahit le domaine de l'intuition ainsi que celui de la perception en affirmant que l'intuition et la perception lui appartiennent et sont également soumises à sa légalité constitutive. Toute intuition, selon l'approche cartésienne, s'attache toujours à une pensée théorique et la pensée théorique à son tour s'attache à un jugement et à un raisonnement logique de telle enseigne que c'est l'acte premier de la pensée pure qui nous découvre et nous rend accessible la réalité sous la forme d'un monde des choses subsistant par soi comme celle d'un monde de l'espace intuitif[172]. Un tel point de vue suscita un débat avec la conception spinozienne de l'espace.

Spinoza a construit sa théorie de l'espace dans une perspective cosmologico-panthéiste. Il s'est beaucoup inspiré de Descartes. Pour ce dernier, l'espace réel ou le lieu interne s'identifie avec la substance corporelle. En effet, l'étendue avec sa triple dimension de longueur, largeur et épaisseur constitue le corps au même titre qu'elle constitue l'espace. Ainsi, le corps est un espace délimité, déterminé et individualisé ; tandis que l'espace en tant qu'étendue demeure inchangé malgré les transformations de la matière. Aussi, l'étendue est une impossibilité absolue du vide et de l'infinité de l'espace. Cette conception a abouti à une affirmation selon laquelle Dieu est une étendue puisqu'il est illimité, infini. Ainsi, Descartes a distingué le caractère indéfini de l'étendue de l'infinité de Dieu, ce qui a pour effet de distinguer l'étendue et Dieu.

Par ailleurs, la théorie de Spinoza va à l'encontre de Descartes, bien que celui-ci l'ait influencée. Pour Spinoza, l'espace n'est autre chose que l'étendue. L'étendue réelle est continue et infinie. Elle exprime un attribut constitutif de l'être divin, et ne peut par conséquent se prêter à aucune division, toute substance étant indivisible. En plus, l'étendue apparente, objet de l'imagination, revêt des formes multiples et variées qui, sans rompre l'essentielle continuité de leur trame, délimitent les espaces occupés par chaque corps.

---

[172] *Ibid.*

En sus, dans son *Éthique*, Spinoza affirme que Dieu est l'étendue infinie, même si celle-ci n'épuise pas son essence puisque son essence lui confère une infinité d'attributs. Dans ce sens, Spinoza s'oppose à Descartes. Pour Spinoza, « l'étendue est un attribut de Dieu, autrement dit, Dieu est une chose étendue »[173]. Donc, la substance est simple et indivisible. Ses modes ou ses créatures ne sont pas des divisions, mais plutôt l'expression de sa puissance. Alors que chez Descartes la substance est l'attribut de l'étendue et que l'étendue est divisible, chez Spinoza la substance se manifeste dans ses modes, infinis en nombre, et montre la puissance infinie d'une substance qui reste infinie et simple. Cependant, la tradition empiriste a critiqué l'approche rationaliste de l'espace.

9.2. L'espace dans la tradition empiriste

La tradition empirique a critiqué avec véhémence la théorie de l'espace absolu d'Isaac Newton, dont les émanations viennent de Descartes. Parmi les philosophes qui l'ont fait avec rigueur figurent les noms de George Berkeley et d'Hermann Helmholtz. Ewald Hering est un nativiste qui pense que les dispositions spatiales sont innées en l'homme.

9.2.1. George Berkeley et l'approche empirico-sensualiste de l'espace

Cassirer considère Berkeley comme le philosophe qui a critiqué le point de vue de Newton sur l'espace absolu. Le philosophe de Marbourg affirme en ce sens que, pour Berkeley, l'espace absolu « n'était qu'un espace imaginaire, une fiction de l'esprit »[174]. Dans *La nouvelle théorie de la vision*, cet empiriste offre une structure sur la question de l'espace qui est un pur renversement de la théorie absolue de l'espace et surtout du rationalisme cartésien. Bien que Berkeley réfute le point de vue de Descartes, il procède dans la même direction que lui.

Cassirer note que, pour Berkeley, toute notre réalité primitive est enfermée dans l'impression simple des sens. Un tel point de vue est insuffisant, car la perception ultime sensible ne suffit pas en tant que telle à expliquer la conscience spécifique de l'espace ainsi que l'organisation

---

[173] B. Spinoza, Éthique II, Proposition 2, cité par B. Bachelet, *L'espace*, Paris, PUF, 1998, p. 105.
[174] E. Cassirer, *Essai sur l'homme*, p. 70.

et l'ordonnancement des espaces dans lesquels nous sont donnés les objets de l'expérience. Comme Descartes refusait les data individuels qui constituaient une détermination spatiale, Berkeley lui aussi estime que « les données sensibles prises individuellement ne sont pas de nature à comporter des déterminations immédiatement spatiales qui ne se réalisent là encore que grâce à un processus compliqué d'interprétation de ces données par l'âme »[175]. Ainsi, aux yeux de Berkeley, notre image de l'espace ne se construit pas par l'adjonction d'une perception particulière et qualitativement nouvelle à celles qui nous viennent par l'entremise des organes des sens, de la vue et du toucher en particulier. Il n'y a pas un rapport unitaire entre une perception extérieure et une perception intérieure par le biais de nos organes des sens.

Face à cette problématique, Cassirer estime que Berkeley trouve une issue pour sortir de la crise, c'est-à-dire « ce qui est requis pour éveiller et fixer en nous cette image, c'est une relation déterminée qui, intervenant entre les données des divers sens, nous permette de passer des unes aux autres d'après les règles constantes et de les coordonner entre elles »[176]. Alors que, chez Descartes, cette coordination des divers data individuels est expliquée en se référant à une fonction primitive de l'intellect et à ses idées innées. Par contre, Berkeley emprunte une voie tout à fait opposée. Pour ce sensualiste, l'espace pur de Descartes et l'espace absolu de Newton sont considérés « comme bien moins une idée qu'une idole »[177].

De ce fait, les espaces cartésiens et newtoniens ne tiennent pas devant une critique psychologique qui est tournée vers la découverte des faits naïfs de la conscience. En plus, l'observation et l'analyse phénoménologique sans prévention ignorent également l'espace abstrait avec lequel les mathématiques et les physiciens opèrent. Ainsi, l'observation et l'analyse phénoménologique de la question de l'espace ne connaissent pas l'extension homogène parfaite, illimitée et pure de toute qualité sensible. Dans ce contexte, ce qui est plus important, « c'est autre faculté maîtresse de l'âme ; irréductible à la perception simple, comme à l'activité logique et discursive de l'entendement et qu'on ne peut qualifier ni de purement

---

[175] E. Cassirer, *Philosophie des formes symboliques 3*, p. 169.
[176] *Ibid.*
[177] *Ibid.*

sensible ni de rationnelle »[178]. Il est question donc d'une activité originale de l'esprit, d'une synthèse de l'esprit, c'est-à-dire une synthèse qui est plus fondée sur « les règles de l'imagination »[179] que sur les règles d'une logique abstraite ou d'une mathématique formelle, comme l'a fait Descartes. En plus, ce qui distingue les règles de l'imagination berkeleyenne des règles mathématiques ou logiques cartésiennes, c'est le fait que les règles de l'imagination dans l'approche sensualiste ne peuvent pas fonder « d'associations universelles et nécessaires mais seulement empiriques et fortuites »[180].

Encore, ce n'est pas une nécessité objective, intérieure à la chose même, mais l'habitude et l'usage qui relient ensemble les différents domaines des sens et les font enfin chevaucher si étroitement qu'ils peuvent se substituer les uns aux autres. Donc, pour Berkeley, « le développement de l'intuition de l'espace est solidaire de cette substituabilité et suppose que les impressions sensibles acquièrent peu à peu une fonction de représentation par-delà leur teneur initiale simplement présentative »[181].

Par ailleurs, la représentation dont parle Berkeley ne passe pas par d'autres moyens que celui de la reproduction. Ainsi, pour rendre possible la constitution de notre expérience de l'espace, Berkeley demande d'ajouter à côté de la faculté de la perception une autre faculté médiate qui n'est pas moins importante pour autant. Il s'agit, selon son entendement, de la faculté de suggestion. Il s'ensuit que le concept de suggestion en tant que nouvelle faculté ajoutée à la perception rend plus clairement la détermination de l'espace ou des choses dans l'espace. Au fur et à mesure que ce pouvoir de suggestion se fortifie, la sensation qui était isolée devient apte à annoncer une nouvelle autre qui est différente à la représentation dans la conscience de la personne et que va se forger en nous la chaîne grâce à laquelle les éléments de la réalité s'assemblent en un tout pour former un monde de l'espace. Une telle tendance a été approfondie dans l'approche physiologique de Helmholtz et par Hering qui établit un pont avec le nativisme spatial.

---

[178] *Ibid.*, p. 170.
[179] *Ibid.*
[180] *Ibid.*
[181] *Ibid.*, p. 169.

9.2.2. Hering et l'approche nativiste de l'espace

Pour Cassirer, le nativisme « est une théorie qui considère que la perception de l'espace et du temps est innée et non acquise progressivement »[182]. C'est aussi une théorie selon laquelle l'espace et le temps sont des données dans les sensations elles-mêmes et ne sont pas acquis par expérience. Alors que l'empirisme était pris dans le dilemme selon lequel il fallait expliquer l'espace soit par nos propres sensations, soit par le signe, la perspective nativiste inverse la tendance d'investigation. Car, cette approche ne devrait pas toujours expliquer la forme de l'espace à partir du concept de sensation. L'empirisme, pour bien expliquer les choses, a dû se séparer de ce que signifie la sensation en son sens simple, « c'est pourquoi, elle se donne immédiatement à d'autres moments qui ne s'y ajoutent qu'en cours d'expérience, apportent de multiples modifications à son état initial »[183]. Ainsi, grâce à ces modifications, l'intuition et la représentation de l'espace se sont développées à partir des data de la simple sensation.

Cassirer pense que l'intervention de Hering va à l'encontre des dérivations des empiristes et estime à cet effet que « jamais la juxtaposition ou la succession d'éléments non spatiaux ne pourrait engendrer du spatial et qu'il fallait au contraire reconnaître d'une manière ou d'une autre, dans l'étendue et dans la spatialité, un caractère irréductible de toutes nos perceptions sensibles »[184]. Ajoutons que la psychologie moderne avait déjà abandonné l'idée de prélever sur le fait de la conscience au point précis dans lequel va s'accomplir le passage décisif d'une sensation en soi non spatiale à la perception spatiale. Ainsi, « l'opération requise ici ne se rapporte jamais à la naissance de la spatialité comme telle, mais bien à la distinction en son sein des phases d'accentuations et d'organisations déterminées »[185].

De ce fait, l'approche nativiste de Hering n'aborde pas seulement la question de la naissance de l'espace, mais elle cherche aussi à savoir comment, au sein d'une structure spatiale, il y a des phases d'organisations déterminées d'espaces. Car, comment quelque chose qui est dépourvu de l'espace

---

[182] *Ibid.*, p. 172.
[183] *Ibid.*
[184] *Ibid.*
[185] *Ibid.*

peut-il acquérir de l'espace ? À cet effet, ce qui compte chez Hering, c'est de « se demander par quelle voie et grâce à quelles médiations la simple spatialité se change en l'espace, l'espace pragmatique en l'espace systématique »[186]. Selon ce point de vue, il y a une grande distance entre le vécu primaire de l'espace et l'espace formé qui est la condition de l'intuition d'objets, et encore entre cet espace intuitif et objectif et l'espace de la mesure et de l'ordre mathématique (la géométrie).

§ 10. Perspectives cassireriennes de l'espace géométrique

Le bref parcours historique de notre recherche a montré comment la naissance des géométries non euclidiennes a entraîné des problèmes épistémologiques qui ont suscité un grand débat entre les philosophes et les mathématiciens. Dans cette discussion, seul le mathématicien Félix Klein, selon Cassirer, a compris l'importance de chaque domaine ainsi que sa contribution à la recherche des fondements des géométries. Les philosophes, de leur côté, ont pris part au débat afin de sauver toute tendance à l'émiettement et à la sectorisation des mathématiques. Dans leur entendement, le fait de considérer les espaces en dehors de celui d'Euclide pouvait entraîner aussi la dissection au sein de la philosophie. Le fait de protéger le savoir permettait donc de renvoyer tout problème de l'espace dans le contexte tout à fait métaphysique ou ontologique puisque l'espace doit dériver du monde de notre réalité. Ce ne sont pas les mathématiques mais plutôt la métaphysique qui doit se charger d'examiner les perspectives et les pistes. C'est pourquoi les philosophes, au début, n'ont pas bien accueilli les espaces non euclidiens et ont eu d'énormes difficultés à les insérer dans le mode de la connaissance.

En effet, la pensée n'est plus obligée, de nos jours, de suivre une ligne déjà tracée, mais elle peut, au contraire, à travers la reconstruction de ses propres concepts, choisir un autre système et le modifier quand c'est nécessaire. Cassirer affirme que « la pensée n'a pas affaire à des résultats ou à des observations prescrites ou imposées par la nature des objets, mais

---

[186] *Ibid.*

elle est confrontée à une question simple qu'elle pose par elle-même et qui, pour ainsi dire, surgit de l'intérieur d'elle-même »[187].

Si nous appliquons ce point de vue cassirerien à la géométrie, nous comprendrons pourquoi il est possible d'éviter le malentendu qui avait caractérisé les philosophes et les mathématiciens à propos de la métagéométrie. Il est intéressant de plaider pour l'unité des différents secteurs de la connaissance qui abordent la question de la géométrie. Il faut aussi savoir que le contexte dans lequel Cassirer avait élaboré sa théorie de l'espace était parfois dans une opposition diamétrale avec d'autres tendances, voire son école propre de formation. Son leitmotiv est de militer pour l'unité de la croissance de la connaissance. Il veut montrer le lien intime qui existe entre la philosophie et les sciences exactes : « Le destin et l'avenir de la philosophie critique sont conditionnés par son rapport avec les sciences exactes. Si l'on parvenait à couper son lien avec la mathématique et la physique mathématique, elle se verrait privée de sa valeur et de son contenu[188]. » Pour Cassirer, la philosophie ne doit pas se séparer des sciences exactes car elles se fondent mutuellement et partagent des tâches communes :

> « Quelle que soit la réponse que la philosophie comme science de la réalité effective, doctrine de l'étant en tant qu'étant, veut donner à la question de la nature de la réalité effective, cette réponse ne peut lui être dictée par les mathématiques, qui deviennent une pure science des formes. Et réciproquement, la philosophie n'a ni le pouvoir ni le droit de contester ou récuser l'enseignement des mathématiques sur la forme pure, sur la structure logique de l'espace, mais elle doit au contraire le considérer comme un résultat certain et le prendre pour fondement[189]. »

---

[187] E. Cassirer, *Problème de la connaissance 4*, p. 41.
[188] E. Cassirer, *Kant und die moderne Mathematik* (mit Bezug auf Bertrand Russells und Louis Couturats Werke über die Prinzipien der Mathematik), *Kant-Studien*, XX, 1907, p. 1, cité par M. Ferrari dans sa préface à E. Cassirer, *Le problème de la connaissance dans la philosophie et la science des temps modernes*, tome 2, *De Bacon à Kant*, Paris, Cerf, 2005, p. XIX.
[189] E. Cassirer, *Problème de la connaissance 4*, p. 45.

En d'autres termes, les mathématiques sont considérées comme une science de la pure forme, de la structure logique de l'espace et la philosophie comme la science de la réalité effective. Pour représenter la réalité du monde effectif, les mathématiques doivent recourir à la philosophie et celle-ci doit trouver son fondement dans les mathématiques et vice versa. Selon Frege, « une philosophie qui n'a aucune relation à la géométrie n'est qu'une demi-philosophie. Une mathématique qui n'a aucune veine philosophique n'est qu'une demi-mathématique »[190]. Ainsi, la position de Cassirer semble être conciliante par rapport aux tendances opposées.

Du point de vue de leur vérité, de leur universalité et de leur hiérarchie, les géométries ont le même degré de vérité et d'universalité : « toutes les géométries se valent »[191] et, selon leur hiérarchie, toutes les géométries sont également « vraies et nécessaires »[192]. Toutefois, il est possible d'opérer une distinction entre elles à partir de la comparaison des différents groupes de transformation sur lesquels elles se fondent. Ces « groupes ne sont pas simplement juxtaposés, mais sont organisés en série selon un rapport déterminé de subordination ou de subsomption »[193]. Sur ce, la géométrie projective est placée au-dessus de la géométrie métrique à cause de son groupe de transformation projectif qui englobe aussi le groupe principal. Or le groupe principal fonde la géométrie euclidienne. Ainsi, « le groupe principal de la géométrie euclidienne devient donc une partie de la géométrie projective »[194]. Les différences reconnues dans les types de géométries ne doivent pas être fixées définitivement ni être considérées comme absolues, mais doivent évoluer à l'intérieur des différentes géométries. D'où, la pluralité des espaces ne menace pas l'unité idéelle et fonctionnelle de la géométrie. Cette pluralité des espaces entraîne toute une panoplie de rationalités qui abordent la problématique de l'espace selon des approches particulières. De là, nous défendons l'idée de la pluralité de rationalités, de la complexité, de l'ouverture et de l'unité de la pensée spatiale. Eu égard à tout ce qui vient d'être dit, la philosophie de

---

[190] G. Frege, *Nachgelassene Schriften I*, p. 293, cité par G. G. Granger, *La pensée de l'espace*, p. 9.
[191] E. Cassirer, *Problème de la connaissance 4*, p. 45.
[192] *Ibid.*
[193] *Ibid.*, pp. 45-46.
[194] *Ibid.*, p. 46.

Cassirer se présente à la fois comme une symbiose de ses références et une pensée propre.

Conclusion

Ce chapitre s'est assigné comme objectif d'analyser le moment historique et épistémologique des fondements de la science de l'espace. Depuis Platon, la géométrie jouissait d'une bonne réputation au point qu'elle était même proposée comme l'archétype des sciences. C'est Euclide qui a concrétisé une telle perspective. Le XIXe siècle voit apparaître des espaces non euclidiens, dont les fondateurs sont Gauss, Bolyai, Lobatchevsky et Riemann, ce qui provoqua la crise de l'intuition en géométrie. À leur naissance, ces espaces ont suscité beaucoup de problèmes d'ordre épistémologique. Dans cette perspective, un grand débat a rassemblé philosophes et mathématiciens. Au-delà du rapport que la géométrie entretient avec la perception, le point de vue de Cassirer demeure unificateur. Le chapitre suivant illustrera l'originalité et l'innovation de Cassirer sur le concept d'espace.

Deuxième chapitre

L'espace dans l'architectonique des formes symboliques d'Ernst Cassirer

Le présent chapitre s'assigne comme principale tâche de montrer l'originalité et l'innovation cassireriennes sur le concept d'espace. En effet, sa conception de l'espace est plurielle. La première section s'articule autour du concept d'espace, où il est question de remonter aux sources et références cassireriennes de sa philosophie de l'espace. Dans la deuxième section, il s'agit de montrer le primat de l'ordre et de la relation dans la conception cassirerienne de l'espace. Quant à la troisième section, elle présente la liste plurielle des espaces cassireriens. Notons que chez Cassirer l'espace n'est pas l'apanage des seules sciences dures (physique et géométrie), mais aussi des sciences de la culture ou des sciences humaines (psychologie de la perception, anthropo-sociologie…). C'est ce qui fait son originalité et son innovation.

Rappelons encore que le symbole demeure le point focal de la connaissance chez Cassirer. Pour ce philosophe allemand, le problème du symbole est directement lié à celui de la connaissance ou de la théorie pure[195]. En outre, le symbole est pour lui ce que la logique/l'absolu est pour Hegel

---

[195] E. Cassirer, *Philosophie des formes symboliques 3*, p. 59.

ou le transcendantal pour Kant[196]. Cassirer voulait dans sa philosophie concilier les tendances divisées en un cadre cohérent et unitaire. Selon le sens étymologique du terme grec *sumbolon*, le symbole signifie joindre ou encore est signe de reconnaissance[197]. Il est question de joindre, de relier ou d'unifier deux choses séparées.

Cassirer récupère cette notion du symbole grec et l'applique à la réalité de la connaissance en montrant que le symbole est d'abord une mise en relation de deux mondes : celui de l'esprit de l'homme et celui de la réalité[198]. C'est pourquoi le symbole, dans ce sens, devient le processus qui part de l'esprit du sujet connaissant vers le monde de l'action ou de la réalité[199]. Selon le philosophe de l'école de Marbourg, l'homme fixe ce qu'il voit et ce qu'il ressent à l'aide de signes[200]. Il n'y a pas du tout une séparation ou une opposition entre le monde du sujet et celui de l'objet ; il y a juste une relation d'interdépendance dynamique entre les deux mondes de la connaissance. Notons que le symbole ne se veut pas une allégorie, c'est-à-dire une sorte de représentation concrète d'une idée abstraite (par exemple, la justice symbolisée par une balance...). C'est pourquoi, pour éviter ce malentendu épistémologique, Cassirer s'est référé au symbole logico-mathématique qui atteste que le symbole est en général employé comme synonyme du signe qui fonctionne en tant que substitut d'une grandeur ou d'une opération donnée.

Se référant à Humboldt, Cassirer octroie au symbole une dimension à la fois dynamique et fonctionnelle. Chez Humboldt, le symbole est une énergie. En tant qu'activité productrice de l'esprit[201], il est défini en termes d'action, d'activité qui se fait : « énergie de l'esprit par laquelle un contenu spirituel de signification se rapporte à un signe sensible et

---

[196] J.-C. Kapumba Akenda, « Symbole et identité. Pour une éthique de l'identité dans la philosophie des formes symboliques d'Ernst Cassirer », *Revue philosophique de Kinshasa*, vol. 10, n° 17-18, janvier-décembre 1996, p. 43.

[197] N. Baraquin *et al.*, *Dictionnaire de philosophie*, Paris, Armand Colin, 1995, p. 312.

[198] E. Cassirer, *Philosophie des formes symboliques 1*, p. 33.

[199] *Ibid.*

[200] *Ibid.*, p. 31.

[201] W. von Humboldt, *Introduction à l'œuvre sur le Kavi et autres essais*, trad. et introd. de P. Caussat, Paris, Seuil, 1974, p. 144.

concret et est intrinsèquement approprié par lui »[202]. Voilà pourquoi le symbole n'est pas un simple signe produit, mais plutôt un processus de formation du sens, une action productrice de l'esprit[203]. D'ordre dynamique, le symbole ne doit pas être considéré comme une œuvre déjà faite, mais comme une activité qui se fait. C'est pourquoi le philosophe des formes symboliques distingue le symbole comme *forma formata* et *forma formans*[204], c'est-à-dire entre *ergon* et *energeia*, toujours en référence à Humboldt, distinguant œuvre faite et activité. Signalons également que cette perspective l'avait poussé à distinguer la substance de la fonction. Car, pour lui, les concepts statiques de substance sont remplacés graduellement par les concepts de fonction et deviennent le fondement fonctionnel de la connaissance.

§1. Sources cassireriennes du concept d'espace

Dans sa construction de la théorie de l'espace, Cassirer se réfère essentiellement à Leibniz et à Klein.

1.1. Débat sur l'espace absolu-relatif : Newton versus Leibniz

La problématique de l'espace absolu a occasionné un désaccord entre la conception de Newton et celle de Leibniz. Chez Newton, l'espace absolu signifie que tout objet est relatif à l'espace dont il occupe un lieu. Parmi ses caractéristiques, il est absolu, réel, vide et infini. Cet espace possède aussi des propriétés mathématiques. Newton estime que l'espace constitue le *sensorium Dei*, c'est-à-dire que Dieu agit sur toute chose par l'intermédiaire de l'espace qui peut se présenter comme un organe de sens de Dieu : « l'espace est comme le toucher de Dieu puisqu'il touche bord à bord tous les corps comme immédiate extériorité »[205].

---

[202] E. Cassirer, *Trois essais sur le symbolique*, Paris, Cerf, p. 175.
[203] N. Janz, *Globus symbolicus. La philosophie d'Ernst Cassirer : un épistémologue de la troisième voie ?*, Paris, Kimé, 2001, p. 125.
[204] E. Cassirer, *Zur Metaphysik der symbolischen Formen*, 1928, p. 18.
[205] B. Bachelet, *L'espace*, Paris, PUF, 1998, p. 106.

De son côté, Leibniz s'insurge contre la conception newtonienne ainsi que ses caractéristiques de l'espace. Par rapport à sa conception du *sensorium Dei*, Leibniz pense que Dieu n'a pas besoin d'organes pour agir : « M. Newton dit que l'espace est l'organe dont Dieu se sert pour sentir les choses. Mais, s'il a besoin de quelque moyen pour les sentir, ils ne dépendent donc point entièrement de lui et ne sont point sa production[206]. » Selon Clarke, le porte-parole de Newton, ce dernier n'avait pas l'intention d'identifier Dieu à travers l'espace. S'il l'a fait, c'était juste à titre comparatif en vue de bien expliciter sa théorie de l'immensité de l'espace :

> « Sr Isaac Newton ne dit pas que l'espace est l'organe dont Dieu fait usage pour percevoir toutes choses, ni qu'il a besoin d'un quelconque medium pour percevoir les choses ; mais, au contraire, qu'étant omniprésent il perçoit toutes choses dans sa présence immédiate auprès d'elles, dans tout espace où qu'elles soient, sans l'intervention ou le secours de quelque organe ou medium que ce soit […][207]. »

En outre, la conception newtonienne selon laquelle l'espace absolu est divisible et que les espaces relatifs sont des parties de l'espace absolu a permis à Leibniz de conclure sur la divisibilité de Dieu. Si Dieu est identifié à l'espace en tant que son organe lui permettant d'être présent au monde, et que cet espace soit divisible en espace relatif, cela conduit à une conclusion logique d'après laquelle Dieu est aussi divisible en partie. Pour Clarke, défendant ainsi Newton, l'espace absolu est un, il est infini et puis indivisible. L'infinité et l'omniprésence de Dieu ne peuvent pas entraîner sa divisibilité et celle de sa substance. Contre Newton, Leibniz renchérit :

> « Ces Messieurs [Newton et ses disciples] soutiennent donc que l'espace est un être réel absolu, mais cela les amène à des grandes difficultés. Car, il paraît que cet être doit être éternel et infini. C'est pourquoi il y a ceux qui ont cru que c'était Dieu lui-même ou bien son attribut, son immensité. Mais, comme il a des parties, ce n'est pas une chose qui puisse convenir à Dieu[208]. »

---

[206] A. Robinet, *Correspondance Leibniz-Clarke* (première lettre de Leibniz début novembre 1715), Paris, PUF, 1957, p. 23.
[207] *Ibid.*, p. 29.
[208] A. Robinet, *Correspondance Leibniz-Clarke*, p. 52.

Chez Leibniz, l'espace est un système de relations qui n'a pas d'existence métaphysique ou ontologique. D'après Leibniz, il n'est pas question d'évoquer le rapport de l'espace absolu comme l'a fait Newton. Il est bien question de rapport, de relation entre les différentes places pour former enfin l'espace. Cela entraîne que l'espace est idéal et relatif parce qu'il représente la façon dont nous mettons un ordre de juxtaposition des choses. L'espace ne peut pas se séparer de cette opération de connaissance intellectuelle du monde. L'espace est élaboré à partir des relations qui existent entre les objets matériels coexistants. Il s'ensuit que le terme de relation de coexistence caractérise la conception leibnizienne pour désigner l'espace. Pour être précis, signalons que Bachelet accorde à Leibniz une double critique importante par rapport à la doctrine de Newton. Il s'agit à la fois d'une critique logique et métaphysique. Concernant la critique logique, il affirme :

> « Rapporté à l'espace, on peut dire que tout objet A doit nécessairement se trouver devant, derrière, à gauche, à droite, au-dessus, en dessous de certains autres objets B, C, D… Pour qu'un objet Z soit placé au même endroit que A, il faut et il suffit que Z soit placé de façon qu'il ait exactement les mêmes rapports aux autres choses B, C, D… que A[209]. »

Il se dégage qu'à la même place il faut faire correspondre les mêmes rapports d'égalités spatiales. Cela pour dire que l'espace n'est rien d'autre que l'ensemble des relations de juxtaposition des choses. Raison pour laquelle, Leibniz parle de l'espace en tant qu'un « ordre des coexistences »[210].

Concernant la critique métaphysique de Bachelet, chez Leibniz, l'espace est un vide infini dans lequel Dieu aurait déposé l'univers ; on ne voit pas pour quelle raison Dieu aurait déposé le monde là où il est, plutôt un peu plus loin à gauche ou à droite. De ce fait, la rationalité de Dieu implique qu'on ne puisse l'imaginer créant un monde dont les caractéristiques n'auraient pas de raison suffisante. Ainsi, Dieu, en choisissant un lieu plutôt qu'un autre dans une infinité des possibles, aurait opéré un choix à partir d'une raison suffisante. Car, selon la théorie de la raison suffisante

---

[209] B. Bachelet, *L'espace*, p. 107.
[210] A. Robinet, *Correspondance Leibniz-Clarke*, p. 143.

de Leibniz, une chose n'existe pas sans une raison suffisante[211]. D'où le résumé que donne Bachelet de l'axiome leibnizien de la raison suffisante : « Il est vrai, dit-on, qu'il n'y a rien sans une raison suffisante, pourquoi il est ici et pourquoi pas autrement. Donc, rien n'arrive sans qu'il y ait une raison suffisante[212]. » Il complète ce principe par un autre, celui de l'identité des indiscernables, qui est la conséquence de la raison suffisante et s'énonce comme suit : « Il ne peut exister deux êtres indiscernables l'un de l'autre[213]. » Au reste, la théorie de l'espace absolu de Newton fit son chemin, bien que Leibniz et Huygens réfutent cette conception. Newton aussi, de son côté, n'a pas voulu soutenir l'approche leibnizienne de l'espace le qualifiant de métaphysique. C'est Kant qui avait arbitré le débat et voulait sortir Newton et Leibniz de leur carcan dogmatique.

1.2. Approche kantienne de l'espace

Avant de voir comment Cassirer, bien que d'obédience kantienne, élabore sa propre théorie de l'espace, examinons d'abord comment il est parvenu à arbitrer le débat sur le concept d'espace entre Newton et Leibniz.

1.2.1. Kant entre Newton et Leibniz

Kant s'est intéressé, dès son jeune âge, aux problèmes liés aux sciences de la nature. Il était au courant du débat sur l'espace absolu-relatif entre Newton et Leibniz. Ainsi son objectif fut-il de concilier les deux protagonistes du débat sur l'espace. Dans sa conception de l'espace apriorique, il voulait faire sortir Newton et Leibniz de leur débat. D'un côté, le dogmatisme empirique de Newton avait besoin d'un espace vide infini pour fonder sa nouvelle physique et, de l'autre côté, le dogmatisme idéaliste de Leibniz voyait dans la conception newtonienne de l'espace un monstre qui faisait de Dieu un être absurde dans sa création et faisait du monde une réalité incréée éternelle. C'est ainsi que Kant va faire de l'espace une intuition, c'est-à-dire la forme intuitive de l'extériorité des choses de notre expérience.

---

[211] Leibniz, *Nouveaux essais sur l'entendement*, Paris, Hachette, 1886, p. 17.
[212] B. Bachelet, *L'espace*, p. 54.
[213] *Ibid.*

Tout en étant d'accord avec la théorie leibnizienne de la relation spatiale, Kant l'actualise en montrant que dans les relations de l'espace qui existent on n'a pas seulement des données simplement qualitatives de l'ordre de la matière coexistante, mais plutôt ce sont les effets mutuels et les interactions qui existent parmi les corps ; c'est ce qui est le plus important[214]. Dans cette relation de l'espace, la matière ne peut pas opérer de relation ; elle a été ajoutée par Dieu. Par là, Kant veut concilier les deux positions. Par ailleurs, contre Leibniz, Kant n'a pas vraiment systématisé la critique, se limitant juste à quelques reproches. Dans *Du premier fondement de la différence des régions dans l'espace*, Kant reproche à Leibniz de donner à l'espace l'idée d'une représentation abstraite des rapports des choses entre elles. Les objets symétriques sont indiscernables si l'espace n'est qu'un ordre intellectuel. Car la gauche et la droite ne peuvent être déterminées intellectuellement. Cette même remarque est reprise par Kant dans les *Prolégomènes*, en l'illustrant par les objets identiques non congruents comme les deux mains. À cet effet, si l'espace était seulement lié à l'ordre des choses, il n'y aurait pas de possibilité de distinguer la main gauche de la main droite alors que c'est ce que nous faisons d'habitude sans peine, mais sans pouvoir nous en expliquer. Ce qui est intuitif et sensible n'est pas nécessairement conceptuel.

Il faut dire que Kant a beaucoup attaqué Leibniz concernant sa conception de l'idéalité intellectuelle de l'espace. Ce dernier est une condition objective de la possibilité de l'expérience des choses. Contre Newton, Kant exprime des réserves puisqu'à un moment donné, il s'est approprié aussi de sa théorie. Rappelons que, dans *Du premier fondement de la différence des régions dans l'espace*, Kant donne déjà son programme :

« Mon but, dans cette dissertation, est de rechercher si l'on ne peut pas trouver dans les jugements intuitifs relatifs à l'étendue tels qu'on les rencontre dans la géométrie, une preuve évidente que l'espace absolu indépendant de l'existence de toute matière, envisagé comme premier fondement de la possibilité de sa composition, comporte une réalité qui lui est propre[215]. »

---

[214] M. Jammer, *Concepts d'espace*, p. 145.
[215] E. Kant, *Du premier fondement de la différence des régions dans l'espace*, Paris, Vrin, 1970, p. 92.

Selon cette approche kantienne, l'espace est considéré comme une réalité qui ne peut être indépendante en elle-même. Il est toujours besoin de la matière pour consolider son fondement. Par ailleurs, Kant s'écarte aussi de Newton, car son réalisme empirique ne tend pas à faire des mathématiques de l'espace une science dont la vérité pourrait être confirmée ou vérifiée d'une manière empirique. Dans ce sens, la géométrie est une connaissance sensible et non empirique parce que les figures constituent nécessairement une forme de raisonnement, et elle est non empirique dans le sens où, par exemple, l'égalité de deux grandeurs (deux angles, deux côtés de figures) n'est pas établie *a posteriori* par une mesure à l'aide d'un instrument, mais par démonstration *a priori*.

Dans son arbitrage, Kant donne totalement raison à Newton. Dans ce sens, on pourrait sacrifier, soit la mathématique, soit la métaphysique. Alors que, pour Kant, nous ne pouvons pas sacrifier la sûreté de la géométrie dans la mesure où elle doit toujours être *a priori*. Dans la *Dissertation de 1770*, il écrit : « Si le concept de l'espace n'était originairement donné par la nature de l'esprit [...] l'usage de la géométrie serait peu sûr[216]. » Métaphysiquement, Kant rejette une fois de plus l'idée de Newton. Dans sa *Critique de la raison pure*, il affirme que si l'espace et le temps étaient des formes, non pas seulement des phénomènes mais des choses en soi, il leur faudrait l'être de Dieu. Mais de quel droit peut-on procéder ainsi quand on a commencé par faire du temps et de l'espace des formes des choses en elles-mêmes et des formes telles qu'elles subsisteraient comme conditions *a priori* de l'existence des choses, quand même on ferait disparaître les choses elles-mêmes ? En effet, en qualité de conditions de toute existence en général, elles devraient l'être aussi de l'existence de Dieu. Si l'on ne veut pas faire de l'espace et du temps des formes objectives de toutes choses, il ne reste plus qu'à en faire des formes subjectives de notre mode d'intuition aussi bien externe qu'interne[217].

1.2.2. L'espace comme forme *a priori* de la sensibilité

Kant est à classer parmi les philosophes qui ont dépouillé l'espace de toutes ses prérogatives rationnelles et absolues pour en faire un phéno-

---

[216] E. Kant, *La dissertation de 1770*, § 15ᴱ, p. 71, cité par M. Lachieze-Rey, *L'espace physique entre mathématiques et philosophie*, Paris, EDP Sciences, 2006, p. 75.
[217] E. Kant, *Critique de la raison pure*, p. 75.

mène subjectif du sujet connaissant. Pour lui, le monde qui nous entoure n'a pas de propriétés spatiales, sauf celles que lui confère l'homme. L'étendue des corps, leur position respective, leur forme extérieure, leurs dimensions, les distances qui les séparent les uns des autres, rien de tout cela n'appartient au monde de la matière. Au contraire, en dehors de nous, il y a une ou plusieurs causes qui agissent sur nos sens externes et ébranlent leurs énergies naturelles. C'est dans nos organes des sens que ces influences externes brutes et informes reçoivent leur empreinte spatiale en nous apparaissant sous forme de corps étendus, distants les uns des autres, revêtus aussi de ces caractères que comprend notre représentation actuelle de l'espace.

Dans nos sens extérieurs se trouve, avant toute expérience sensible, une forme qui contient en germe l'espace infini et la multitude des espaces particuliers que nous découpons sans cesse dans cette étoffe illimitée. Ainsi, cette forme spatiale innée en nous précède logiquement toute activité sensible, non comme une sorte de représentation vague, imprécise ou vide de toute réalité, mais comme une disposition originelle, organique, comme une manière d'être qui rend le sujet sentant apte à percevoir dans un ordre spatial tous les phénomènes de la sensibilité externe. Kant donne le nom de la forme *a priori* à une telle antériorité logique. Elle est aussi pure, parce qu'elle est dégagée de tout élément emprunté à notre existence. Donc, pour la concevoir dans sa réalité propre, il faut l'isoler de tous les phénomènes auxquels elle communique les propriétés de l'espace.

C'est dans la *Critique de la raison pure*, et plus précisément dans la première partie consacrée à l'esthétique transcendantale, que Kant expose à la fois une approche métaphysique et transcendantale du concept de l'espace. Il se pose la question de savoir si l'espace et le temps seraient des concepts qui se rapportent aux êtres réels[218]. Dans l'exposition métaphysique, cinq arguments permettent de justifier l'existence de l'espace. Dans l'exposition transcendantale, il essaie de démontrer le caractère synthétique *a priori* des propositions de la géométrie. Parlant de cette exposition métaphysique, Kant s'explique :

---

[218] E. Kant, *Critique de la raison pure*, p. 55.

« J'entends par *exposition* (*expositio*) la représentation claire (quoique non détaillée) de ce qui appartient à un concept ; cette exposition est métaphysique lorsqu'elle contient ce qui montre le concept comme donné *a priori*. 1. L'espace n'est pas un concept empirique, dérivé d'expériences extérieures [...][219]. »

De ce point de vue, il est possible que toute sensation puisse se rapporter à quelque chose d'extérieur par le moyen de la perception de l'espace. En réalité, c'est l'espace qui constitue le fondement pour toute représentation dans les différents lieux. Cette représentation de l'espace ne peut pas être enracinée par l'expérience des rapports des phénomènes extérieurs. Au contraire, cette expérience extérieure n'est possible qu'à partir de cette représentation spatiale :

« 2. L'espace est une représentation nécessaire, *a priori*, qui sert de fondement à toutes les intuitions extérieures[220]. »

Par le fait qu'il constitue une perception nécessaire *a priori* et interne à toute perception extérieure, il est possible qu'il fonde toutes ces perceptions extérieures. Car, sans espace, il n'y a pas de représentation bien qu'on pense les objets dans l'espace. Ainsi, tout objet est représenté à partir de l'espace, celui-ci en constitue le fondement :

« 3. Sur cette nécessité *a priori* se fondent la certitude apodictique de tous les principes géométriques et la possibilité de leurs constructions *a priori*[221]. »

Le fait que l'espace est *a priori* permet aux mathématiques de conserver leur certitude sinon, elles seraient de simples perceptions :

« 4. L'espace n'est pas un concept discursif, ou, comme on dit, un concept universel de rapport des choses en général, mais une pure intuition[222]. »

---

[219] *Ibid.*
[220] *Ibid.*, p. 56.
[221] *Ibid.*
[222] *Ibid.*

L'espace n'est pas à comparer avec un concept discursif ou tout autre concept générique comme, par exemple, chaise, arbre. L'existence de l'espace implique sa totalité, c'est-à-dire en tout ce qu'il est :

> « 5. L'espace est représenté, donné comme une grandeur infinie[223]. »

Un espace général est une représentation générale et contient en son sein diverses possibilités de sous-ensembles. En réalité, il est question d'un rapport de « subsumption », au sens où le particulier se coordonne au général. Dans notre cas, l'espace n'est pas un concept, mais plutôt une intuition *a priori*.

Par exposition transcendantale, Kant entend

> « l'explication d'un concept considéré comme un principe capable d'expliquer la possibilité d'autres connaissances synthétiques a priori. Or cela suppose deux choses : 1° que des connaissances de cette nature découlent réellement du concept donné ; 2° que ces connaissances ne sont possibles que sous la supposition d'un mode d'explication donné de ce concept[224]. »

Cet argument transcendantal actualise la géométrie qui devient une science synthétique *a priori*[225]. Pour arriver à montrer cette possibilité, la géométrie ne doit pas être considérée comme un concept, mais comme une intuition. Ainsi, les propositions de la géométrie portent en elles cette nécessité de l'expérience bien qu'elles ne soient pas des jugements d'expérience[226]. Une telle perspective entraîne deux grandes conséquences selon la *Critique de la raison pure*, à savoir :

> « 1. L'espace ne représente ni une propriété des choses en soi ni ces choses dans leurs rapports entre elles[227]. »

---

[223] *Ibid.*
[224] *Ibid.*, p. 56.
[225] *Ibid.*
[226] M. Jammer, *Concepts d'espace*, p. 151.
[227] E. Kant, *Critique de la raison pure*, p. 58.

C'est-à-dire que les choses, les objets ne peuvent pas précéder l'espace dans sa représentation. L'espace constitue donc une représentation *a priori* et vient avant toute expérience.

« 2. L'espace n'est rien autre chose que la forme de tous les phénomènes des sens extérieurs[228]. »

L'espace se considère dans cet axe comme étant la somme de toutes les perceptions extérieures. Il n'est pas un objet de perception, mais un mode de la perception des objets.

En clair, la théorie kantienne de l'espace a influencé les recherches sur la condition psychologique de l'espace développé par Lotze (la théorie des signes locaux), Brentano et Stumpf sur l'origine de la perception de l'espace. Kant, fils de son époque, n'a connu qu'une seule physique, celle de Newton et une seule géométrie, celle d'Euclide. L'avènement des espaces non euclidiens et la physique relativiste d'Einstein contribueront à ébranler le fondement de la théorie kantienne de l'espace.

Concernant la géométrie kantienne, elle présente des propositions qui sont synthétiques *a priori*. La géométrie est le modèle que Kant illustre pour attester comment les concepts s'objectivent dans l'intuition pure à partir du schématisme. Ce qui est le plus important, chez Kant, n'est pas la rigueur de la déduction géométrique, mais plutôt l'évidence de ses constructions. C'est ainsi que le schématisme repose sur des règles de la construction. Évoquer la géométrie, chez lui, c'est construire ce que les concepts nous donnent à penser. C'est aussi l'acte de synthèse. L'exemple patent est celui de l'axiome euclidien qui stipule qu'« entre deux points, la ligne la plus courte qui puisse être tracée est une ligne droite »[229]. Cette proposition, selon Kant, est synthétique puisqu'elle réunit dans le sujet et le prédicat des éléments hétérogènes, c'est-à-dire la notion de quantité (la ligne courte) et celle de qualité (la ligne droite). Le concept de la ligne la plus courte entre deux points ne renferme pas analytiquement de considération sur la qualité de cette ligne. La proposition est donc synthétique *a priori*[230]. D'après Kant, la géométrie euclidienne est une géométrie qui

---

[228] *Ibid.*
[229] E. Kant, *Critique de la raison pure*, p. 40.
[230] I. Nikseresht, *Kant et la possibilité des jugements synthétiques a priori*, Paris, L'Harmattan, 2011, p. 91.

se montre commode. D'autres types d'espaces sont possibles, mais sans une applicabilité, par exemple, à la physique. Ici, seule la schématisation des concepts mathématiques les rend applicables pour une connaissance d'objet différemment de l'arithmétique.

Cassirer offrira une perspective qui est à la fois une symbiose entre Leibniz et Klein, mais se référant au modèle du schématisme kantien.

§ 2. Le primat de l'ordre et de la relation de l'espace chez Cassirer

Bien que Cassirer soit d'obédience kantienne, il élabore sa théorie de l'espace en s'éloignant des présuppositions de l'espace *a priori*. Par le fait qu'il adopte une orientation pluraliste de l'espace, il ne lui convient plus de prendre la perspective de l'*a priori* kantien. En effet, Kant n'a connu que la géométrie euclidienne et la physique newtonienne. Animé de l'esprit de l'unité, Cassirer adopte la perspective de Leibniz et celle de Félix Klein, qu'il trouve conciliante, afin d'asseoir sa propre théorie. Chez Leibniz, il reprend l'idée de la nature de l'espace considérée comme une condition de possibilité et une catégorie logique invariante des relations. Chez Klein, il récupère la théorie des groupes de transformation en étudiant essentiellement les propriétés des différentes figures. Dans la perspective cassirerienne, le concept d'ordre et de relation permet de résoudre le problème de l'espace-temps. Par là, Cassirer opère une transition des concepts spatiaux en passant directement de l'espace mythique à l'espace esthétique, voire théorique, sans trop de problèmes et énigmes. De ce point de vue, Cassirer pense qu'

« Il n'y a pas une intuition générale, strictement fixée de l'espace, mais que l'espace ne reçoit son contenu déterminé et son agencement particulier que de l'ordre du sens au sein duquel, à chaque fois il se configure[231]. »

C'est ainsi que, chez lui, l'espace est une fonction qui se configure à l'esprit à partir d'un contenu particulier. On peut trouver plusieurs types

---

[231] E. Cassirer, « Espace mythique, espace esthétique et espace théorique », dans *Écrits sur l'art*, Paris, Cerf, 1995, p. 109.

d'espaces selon leur configuration dans l'esprit. L'ordre qu'il évoque change à chaque fois qu'il faut passer de l'espace mythique à l'espace esthétique et à l'espace théorique. Ce changement ne concerne pas seulement des traits particuliers et subordonnés, mais il se rapporte aussi à sa globalité, à sa totalité et sa structure principielle. D'où le fait que, chez Cassirer, la fonction du sens constitue le premier moment déterminant. La structure de l'espace constitue en plus le moment secondaire et dépendant. Ce qui relie tous les espaces qui ont un caractère différent du sens et une provenance différente du sens, « c'est une détermination purement formelle qui trouve son expression la plus précise et la plus prégnante dans la définition leibnizienne de l'espace comme une possibilité de la coexistence et comme ordre des coexistences possibles »[232]. En effet, une telle possibilité est vécue d'une manière différente dans les modes des formations spatiales.

Pour Cassirer, la question de l'espace et du temps a occupé une place prépondérante dans la construction du monde de la connaissance. Bien que l'étude de l'espace occupe le cœur du problème de la connaissance, elle demeurait aussi obscure quant à sa compréhension. De temps en temps, on a assisté à une confusion qui régnait entre le problème de l'espace et celui de l'être en cherchant la primauté. Dans l'Antiquité, la logique, par exemple, était identifiée à l'ontologie selon l'épistémologie aristotélicienne afin de trouver une véritable signification de l'espace. Cette possibilité antique d'identification de la logique à la métaphysique était, d'après Cassirer, insuffisante pour l'appliquer à la question de l'espace. Pour lui, l'espace possède un autre type d'être ; les choses qu'il contient possèdent aussi un autre type d'espace. Pour résorber ce paradoxe, Cassirer pense que l'espace devrait suivre des voies différentes et distinctes. À cet effet, ce n'est pas Kant qui lui apporte la solution, mais Leibniz à travers sa notion d'ordre-relation[233].

Selon Cassirer, Leibniz tire, le premier, les conséquences épistémologiques du concept d'ordre et de relation. Dans l'histoire des mathématiques, aucune théorie n'était capable de rendre les principes tels que les a pensés Cassirer. Celle-ci consiste à unifier toutes les tendances disparates sur le concept d'espace, sauf l'analyse combinatoire de Leibniz. Pour lui,

---

[232] *Ibid.*
[233] *Ibid.*

« l'analyse combinatoire s'occupe de la forme pure de la liaison et étudie les lois de cette forme et ne s'occupe pas comme la géométrie ou l'algèbre de nombre ou de quantité »[234]. Par ailleurs, le constat est que l'algèbre dominait à la place de la combinatoire dans l'histoire des mathématiques. L'algèbre et la géométrie ont contribué à disséquer les mathématiques et non à les unifier. Seule l'analyse combinatoire leibnizienne a permis une association des principes au sein des mathématiques.

La combinatoire renvoie à une pure théorie des formes, c'est-à-dire à une approche purement relationnelle des mathématiques. Cette théorie de Leibniz commence dans les mathématiques pour s'appliquer ensuite en géométrie. Pour notre auteur, le fait que la géométrie métrique cesse d'être seulement une science de mesure pour se réduire sous forme relationnelle à la géométrie projective ou celle des figures a amené Leibniz à affirmer que « l'espace doit être conçu si l'on veut respecter sa spécificité qualitative comme l'ordre des coexistences possibles »[235]. Ainsi, l'espace est un ordre de coexistence. Le modèle de cet ordre nous vient de la chaîne des constructions harmoniques étudiée dans la géométrie projective. Dans cette chaîne de construction, les données sensibles sont écartées pour laisser la place à la parfaite intelligibilité et pour ne retenir que la construction qui est « opérée par la pensée, de stipulations liées de manière continue les unes aux autres »[236].

On le voit, du point de vue historique, Leibniz est parmi les philosophes qui ont posé le problème logique ayant trait aux rapports entre la géométrie métrique et la géométrie projective. C'est pourquoi l'espace devient l'ordre dans la contiguïté, le temps comme ordre dans la succession. Dans ce contexte, l'intuition continue à nous fournir les contenus primaires de la géométrie, c'est-à-dire le point, la droite, le plan... Mais, quant à ce qui se rapporte à leur liaison, ce sont les concepts seuls qui sont capables de procéder par cette dérivation. La relation dont il est question ne peut pas s'établir au moyen des données sensibles, mais au moyen de « certains axiomes de connexion »[237]. C'est à partir de ces axiomes que cette relation

---

[234] E. Cassirer, *Problème de la connaissance 4*, p. 65.
[235] E. Cassirer, *Substance et fonction*, p. 113.
[236] *Ibid.*
[237] *Ibid.*, p. 114.

peut recevoir le droit et le pouvoir d'opérer selon les règles de déduction mathématique.

L'analyse combinatoire est identifiée, chez Leibniz, à la mathématique elle-même. Selon Cassirer, la mathématique, de manière générale, s'adonne « non à comparer, diviser ou composer des grandeurs données, mais à dégager et à mettre en corrélation les relations génératrices qui fondent la possibilité même de poser des grandeurs »[238]. Dans ce sens, la mathématique ne se considère pas comme une science de la grandeur ni de la quantité, mais comme une science de la forme et de la qualité. C'est ainsi que la combinatoire se veut aussi une science des modes possibles de connexion et de réciprocité. Ce qui importe le plus en mathématique, c'est d'abord la structure relationnelle et la possibilité de connexion des différentes fonctions.

À la lumière de ce qui vient d'être dit, Cassirer récupère cette perspective de Leibniz en montrant, lui aussi, que l'espace est un ordre et une relation[239]. Mais cette relation n'envisage pas des choses ou les caractères des choses, moins encore des substances ou leurs propriétés ; cette relation est fonctionnelle. À la conception substantialiste, il substitue la conception fonctionnelle issue des ordres relationnels. L'espace est une pure forme, un schéma d'organisation et une théorie des relations. Les fonctions en mathématique sont une « relation qui existe entre deux quantités, telle que toute variation de la première entraîne une variation correspondante de la seconde »[240]. Le symbole en tant que fonction mathématique montre « une très grande diversité de points de vue susceptibles d'être exploités pour mettre en série des contenus »[241]. Ainsi, la fonction en mathématique est ce qui est donné à partir de ses éléments propres qui sont en étroite relation. Cette relation conduit à l'unité. Cassirer innove et est original en ce sens qu'au-delà de la pluralité des espaces, il propose une approche conciliante et unitaire. En se référant à la géométrie de Klein, il montre que l'unité, bien qu'idéelle et systématique, doit toujours caractériser l'espace et ne doit pas disparaître. La forme générale de l'espace,

---

[238] E. Cassirer, *Substance et fonction*, p. 115.
[239] M. Ferrari, « La philosophie de l'espace chez Ernst Cassirer », *Revue de métaphysique et de morale*, 96ᵉ année, n° 4, octobre-décembre 1992, p. 460.
[240] Dictionnaire *Le Petit Robert*, sur la « fonction », p. 942.
[241] E. Cassirer, *Substance et fonction*, p. 29.

la forme des coexistences possibles, est utilisée et est considérée comme présupposée par chaque géométrie comme un concept général. Selon lui, « les différentes géométries sont équivalentes, mais elles différencient cette forme en l'abordant à partir de questions différentes, c'est-à-dire en la considérant à partir des différents groupes de transformation »[242].

Toutes les géométries sont les mêmes et leur différence se perçoit seulement au niveau des groupes de transformations choisis. Selon Cassirer, l'unité et la continuité de la pensée sont visibles dans la mesure où les différentes géométries ne peuvent coexister sans une médiation ni une relation et doivent se développer les unes à partir des autres. Pour expliciter encore sa thèse, Cassirer recourt à un principe déterminé qui autorise à prendre ensemble toute la série des géométries possibles en un tout organisé. C'est pourquoi il se réserve d'étudier géométrie par géométrie prise d'une manière particulière, mais considère que toutes les géométries sont uniques à partir de leur groupe, une idée qu'il récupère chez Klein.

En outre, Cassirer veut établir un lien indissociable entre les différents types d'espaces. Se référant toujours à Klein, il affirme que, du point de vue de leur vérité, toutes les géométries partagent le même destin, c'est-à-dire que toutes se valent ; il n'y a ni contradiction ni infaillibilité de l'une à l'égard de l'autre. Il n'y a que réciprocité et unité. Recourant à Hilbert dans ses *Fondements de la géométrie*, Cassirer approuve la preuve qu'il est possible non seulement de transposer les différentes géométries les unes dans les autres, mais encore dans l'arithmétique. Chez Hilbert, on peut identifier la géométrie à l'arithmétique, d'où le binôme espace-nombre. Sur le plan philosophique, Cassirer opère une révolution lorsqu'il accepte de considérer la pluralité des géométries, chose qui n'était pas admise dans la plupart des doctrines philosophiques, à l'instar de Kant, son maître. Chez lui, cette pluralité d'espaces ne menace pas l'unité fonctionnelle des espaces, puisque les espaces sont des ordres dans une relation donnée. Les différentes géométries constituent une unité à partir d'un groupe déterminé. Cette perspective nous permet d'affirmer la thèse selon laquelle la théorie cassirerienne doit être considérée comme permettant une pluralité de rationalités en impliquant une ouverture de la pensée géométrique en unité fonctionnelle. Dans ce contexte, Cassirer est à la fois un néo-leibnizien, un hilbertien et un kleinien. Toutefois,

---

[242] E. Cassirer, *Problème de la connaissance 4*, p. 49.

l'influence de la pensée de Kant demeure inhérente à sa philosophie. Même si Cassirer prend distance par rapport à la conception de l'espace comme forme *a priori*, il faut dire tout de même qu'il récupère l'idée kantienne du schématisme.

À cet effet, Cassirer pense que ce que nous appelons espace n'est pas un objet particulier qui se présenterait médiatement à nous et se ferait reconnaître par des signes quelconques. C'est bien plutôt un mode propre, un schématisme particulier de la « représentation elle-même »[243]. Pour Cassirer, c'est grâce à ce schématisme que la conscience va acquérir la possibilité d'une nouvelle orientation et accéder à une nouvelle direction du regard spirituel par laquelle toutes les formes de la réalité objective se trouvent, elles aussi, comme transfigurées à ses yeux. Ainsi, ce changement qui s'opère à travers le schématisme ne signifie pas « un passage réel de la simple qualité à la quantité, de l'intensif pur à l'extensif, de la sensation en soi non spatiale à la perception en quelque manière spacieuse »[244]. Cette approche présente un simple changement de signification qui est intérieur à cette conscience et grâce auquel seule est mise à jour la totalité du sens développé et s'implique en elle-même. Ainsi, « l'espace est comme le milieu universel où la productivité de l'esprit peut, enfin, se fixer, parvenir à ses premiers produits et ses premières formes »[245]. En ce sens, l'espace est d'abord une fonction de conscience et même de spatialité.

Disons qu'au-delà de la définition de l'espace en tant qu'ordre et relation, Cassirer pense que l'espace n'est pas seulement l'apanage des sciences de la nature, mais aussi des sciences de la culture. Voilà pourquoi nous réaffirmons que le savant de Marbourg a innové à partir de sa perspective pluraliste. À travers les formes de la culture, Cassirer essaie de proposer et de classifier chaque orientation spatiale. Il y a, dans ce sens, l'espace mythique, esthétique, animal, langagier, anthropologique et l'espace théorique des sciences. La notion de la spatialité cassirerienne est inscrite dans son vaste champ d'investigation de la philosophie des formes symboliques. C'est pourquoi, pour mieux comprendre l'essence de l'espace, nous devons la situer dans le cadre général d'une « phénoménologie de

---

[243] E. Cassirer, *Philosophie des formes symboliques 3*, p. 173.
[244] *Ibid.*, p. 172.
[245] *Ibid.*, p. 174.

l'esprit »[246]. En ce sens, l'espace, pour Cassirer, devient une loi constante de l'esprit, un schéma de connexion au moyen duquel tout ce qui relève de la perception sensible entre dans des « relations déterminées de coexistence »[247]. Du reste, ce qui relie tous les espaces qui ont un caractère différent et une provenance différente du sens, c'est une détermination purement formelle qui trouve son expression la plus précise et la plus prégnante dans la définition leibnizienne de l'espace comme une possibilité de coexistence et comme un ordre de coexistences possibles. Cette possibilité est vécue différemment dans les divers modes de formation spatiale, par exemple dans le mythe, l'art, le langage, l'anthropologie, etc.

§3. Éléments de pluralité d'espace cassirerien

Le contexte dans lequel Cassirer élabore sa philosophie de l'espace est différent des autres perspectives historiques parcourues. Cassirer, à travers sa philosophie des formes symboliques, élargit la notion d'espace qui ne doit pas être seulement une spécificité des sciences de la nature (physique) ni des sciences exactes (géométrie…), mais aussi une ouverture aux sciences de la culture. C'est pourquoi sa théorie de l'espace est plurielle. Il a en effet identifié chaque orientation spatiale à une forme de la culture propre, dont les espaces mythique, esthétique, organique, perceptif, symbolique et théorique.

3.1. L'espace mythique

Le mythe, chez Cassirer, occupe le cœur de sa philosophie des formes symboliques. À en croire notre philosophe, « l'espace mythique occupe une position intermédiaire entre l'espace sensible de la perception et l'espace de la connaissance pure, l'espace de l'intuition géométrique »[248]. L'espace sensible de la perception est un espace physiologique, tactile et visuel. L'espace de l'intuition géométrique est métrique, c'est-à-dire qu'il se base sur la notion de mesure.

---

[246] E. Cassirer, *Philosophie des formes symboliques 3*, p. 167.
[247] E. Cassirer, *La théorie de la relativité*, p. 61.
[248] E. Cassirer, *Philosophie des formes symboliques 2*, p. 209.

Par rapport à leurs caractéristiques, l'espace métrique est marqué par trois traits : la continuité, l'infinité et l'homogénéité. L'espace métrique est homogène, fonctionnel et idéel. Ses points sont vides de tout contenu et servent seulement à exprimer des relations. L'espace de la perception est inhomogène[249] parce que chaque lieu a sa modalité et sa valeur propre. Il est aussi substantiel et limité par la faculté perceptive de chacun. Il est donc fini et est caractérisé par les directions suivantes : devant-derrière-haut-bas-droite-gauche. D'après Cassirer, l'espace mythique n'est pas l'espace sensible et non plus l'espace métrique. Toutefois, il y a les points de rapprochement et de distanciation entre les deux. Entre l'espace mythique et l'espace sensible, le rapprochement réside au niveau de leur mode d'être sensible et non vide. Ce qui les distancie, c'est l'opposition sacré-profane qui constitue un aspect fondamental dans la construction de la pensée mythique dont l'espace s'oriente vers la direction habituelle du profane et du sacré.

Dans cette perspective, c'est l'espace mythique qui offre aux différentes directions de l'espace physiologique leur valeur affective particulière. En plus, le rapprochement entre l'espace mythique et l'espace métrique est marqué par le fait que « l'espace mythique agit comme un schème par l'application duquel des éléments très différents et au premier regard parfaitement incomparables peuvent se rapporter l'un à l'autre »[250]. C'est, en fait, l'esprit humain qui constate ces différences purement sensibles et devient capable d'établir des différences de grandeurs ou de positions dans l'espace. La liaison, à partir de l'esprit de l'espace physiologique qui nous permet de distinguer l'ici et là-bas, en y ajoutant l'opposition sacré-profane et de l'espace géométrique qui est une création des relations purement idéelles et fonctionnelles, rend effective la possibilité du sentiment mythique de l'espace dont les deux traits essentiels sont la « qualification et la particularisation générale d'un côté, et la systématisation de l'autre »[251].

Raison pour laquelle Cassirer affirme que les différentes articulations qui s'expriment dans diverses formes d'organisation totémiques disséminées à travers l'univers divisant la terre en autant de régions ne sont pas un fait

---

[249] *Ibid.*
[250] *Ibid.*, p. 111.
[251] *Ibid.*, p. 119.

du hasard, « elles sont l'expression d'une intuition fondamentale tout à fait précise »[252]. Elles sont, au fait, le résultat de l'intuition spatiale qui aboutit à une médiation spirituelle et dont l'universalité est devenue le véhicule de la vision du monde. Chez Cassirer, les deux faits suivants marquent l'existence de l'intuition mythique de l'espace : « 1. Les récits de la création du monde par l'apparition de la lumière ; 2. la notion des lieux sacrés »[253].

Concernant le premier trait, Cassirer montre comment le sentiment mythique de l'espace commence toujours par se déployer à partir de l'opposition du « jour et de la nuit, de la lumière et des ténèbres »[254]. Pour lui, l'espace non éclairé est à la base de toutes les questions et même de toutes les grandes inquiétudes de l'homme. Là où on ne voit rien, on n'y comprend rien du tout. C'est pourquoi les ténèbres sont représentées par la nuit ou non-jour, symbole de la non-vie, de la non-raison et de la mort. La lumière ou le jour représente la sécurité, la raison, la clarté et la vie. C'est pourquoi, « dans les légendes cosmogoniques de presque tous les peuples et presque toutes les religions, le processus de la création est immédiatement assimilé à l'apparition de la lumière… La victoire de la lumière est à l'origine du monde et de l'ordre cosmique »[255].

Pour le second trait, Cassirer estime que l'opposition sacré-profane est la marque caractéristique de la forme symbolique du mythe[256]. De toute façon, une crainte religieuse (croyance) entoure toujours le lieu mythique. Par conséquent, l'esprit trace des limites qui vont le garder séparé du reste de l'espace profane qui lui appartient. Dans ce sens, l'espace mythique restera, désormais, l'apanage d'une puissance qui en prend possession. C'est ce que Cassirer appelle les « traits magiques déterminés »[257].

Le sacré, quant à lui, prend aussi l'aspect particulier de l'espace. À ce propos, il affirme que « la sacralité commence lorsqu'on dégage de la totalité

---

[252] *Ibid.*, p. 113.
[253] *Ibid.*, p. 119.
[254] *Ibid.*, p. 123.
[255] *Ibid.*
[256] *Ibid.*, p. 119.
[257] E. Cassirer, « Espace mythique, espace esthétique et espace théorique », dans *Écrits sur l'art*, p. 109.

de l'espace, une région particulière, qui est distinguée des autres, qui est entourée et, pour ainsi dire, clôturée par le sentiment religieux »[258]. Dans ce contexte, une meilleure manière de marquer le sacré, c'est la construction de temples sacrés et de lieux sacrés en tant qu'espaces prévus et inaccessibles. C'est ainsi que les notions du sacré et du profane ont entraîné celle de limitation spatiale dans la perspective de l'espace mythique. On constate que cette orientation spatiale a permis aux premières intuitions mathématiques, éthiques et juridiques de posséder, par le calcul strict de ce qui est là, l'idée de mesure spatiale[259].

Rappelons que, chez Cassirer, le mythe est beaucoup plus attaché à des modes primaires et primitifs du sentiment du monde. L'intuition spatiale, dans le mythe, ne recouvre pas et n'abolit pas ce sentiment. Au contraire, elle ne fait que l'extérioriser. Nous ne parvenons à cette extériorisation que grâce à des déterminations et à des distinctions spatiales plus que par l'attribution d'un accent mythique original et à chaque contrée de l'espace : à l'ici et au-delà, à l'orient et à l'occident, en haut et en bas. Dans ce contexte, le mythe joue un rôle prépondérant dans la constitution de l'espace. Somme toute, la pensée mythique de l'espace est considérée comme une grande force mystérieuse qui gouverne toutes choses et qui règle et détermine non seulement la vie des hommes mortels, mais aussi celle des dieux. Qu'en est-il de l'espace esthétique ?

3.2. L'espace esthétique/artistique

L'espace esthétique est celui qui prévaut dans les configurations artistiques[260]. L'art constitue, pour Cassirer, la forme la plus parfaite dans la culture parce qu'il fait « partie intégrante de l'expérience humaine »[261]. L'art devient, dans ce sens, une forme culturelle propre à l'homme. C'est pourquoi Cassirer se réfère à Kant dans sa *Critique du jugement* où il donne une autonomie considérable à l'art en sa double casquette d'histo-

---

[258] E. Cassirer, *Philosophie des formes symboliques 2*, p. 127.
[259] *Ibid.*, pp. 127-128.
[260] B. Bachelet, *L'espace*, p. 4.
[261] E. Cassirer, *Essai sur l'homme*, Paris, Minuit, 1975, p. 197.

rien de l'esthétique et d'esthéticien[262]. Chez Alexander Baumgarten dans *Aesthetica acromatica* en 1750, l'art était élaboré de manière systématique et avec une logique de l'imagination[263]. L'œuvre d'art était, dans ce contexte, une imagination qui conduisait à l'imitation. C'est seulement plus tard qu'on abandonna une telle orientation afin d'en prendre une autre. Dans la tendance qui caractérise toute culture, Cassirer pense qu'il y a toujours à la fois une force conservatrice et une force progressiste ou productrice. Dans la conservation, l'œuvre d'art devrait être critiquée, jugée par rapport à un modèle fixe existant déjà. Dans la perspective du progrès, l'œuvre d'art ne devrait plus se calquer sur un modèle existant, mais il faut en créer d'autres. Dans ce sens, Cassirer pense que « le beau est l'unique et incomparable, il est l'œuvre du génie de l'artiste »[264].

L'espace esthétique, tel qu'il se déploie dans les arts plastiques particuliers, précisément dans la peinture, la sculpture et l'architecture, nous oriente autrement et permet de modifier le paradigme de l'ordre spatial. En effet, dans la sphère de l'espace esthétique, nous sommes plongés dans la pure représentation de la réalité : « Toute représentation authentique n'est en rien simple copie passive de la forme du monde, mais elle est un nouveau rapport dans lequel l'homme se pose face au monde[265]. » Cassirer rappelle que, dans ses *Lettres sur l'éducation esthétique de l'homme*, Schiller affirme que « la contemplation, la réflexion qu'il considère comme la présupposition fondamentale et le moment fondamental de l'intuition esthétique, est le premier rapport libéral de l'homme à l'univers qui l'entoure »[266]. D'après Cassirer, avec l'espace mythique et l'espace esthétique, il y a les modes parfaitement concrets de l'espace par rapport à l'espace géométrique qui se constitue en schéma abstrait projeté par les figures.

En rapport avec l'espace mythique, Cassirer pense que l'espace esthétique est aussi considéré comme un espace de vie édifié à partir des forces du

---

[262] M. Van Vliet, *Ernst Cassirer et l'art comme forme symbolique*, Rennes, Presses universitaires de Rennes, 2010, p. 13.
[263] E. Cassirer, *Essai sur l'homme*, p. 197.
[264] *Ibid.*, p. 316.
[265] E. Cassirer, « Espace mythique, espace esthétique, espace théorique », dans *Écrits sur l'art*, p. 111.
[266] Schiller, *Lettres sur l'éducation esthétique de l'homme*, Paris, Aubier-Montaigne, p. 30, cité par Cassirer, *Écrits sur l'art*, p. 111.

sentiment pur et de l'imagination. Dans l'espace esthétique, le sentiment et l'imagination ont gagné le terrain et disposent d'un nouveau degré de liberté. L'espace artistique comme mythique est empli et pénétré des valeurs d'expressions intenses. Cet espace est également animé et mis en mouvement par les oppositions dynamiques les plus fortes. Pour Cassirer, « ce même mouvement n'est cependant plus le mouvement vital immédiat qui s'exprime dans les affects mythiques fondamentaux de l'espoir et de la peur, dans l'attirance et la répulsion magique, dans l'avidité de la saisie du sacré et dans l'honneur du contact avec l'interdit et le profane »[267].

Il s'ensuit qu'une nouvelle forme d'objectivité voit le jour dans la perspective de l'espace esthétique. L'objet de la présentation artistique s'est porté à une nouvelle distance et s'est éloigné du moi. La force magique et démoniaque du mythique est ici vaincue et rompue. Ce démon n'englobe plus l'homme avec ses forces mystérieuses et inconnues, il ne l'enchaîne plus avec ses liens magico-mystiques, mais il est devenu dans la perspective artistique le contenu proprement dit de sa représentation. L'espace esthétique n'est plus considéré comme l'espace mythique c'est-à-dire une imbrication et un jeu d'alternance des forces qui saisissent l'homme de l'extérieur, mais il est ce qui maintient l'homme au moyen de sa volonté effective[268].

Rappelons qu'il existe des arts de l'espace à deux dimensions et à trois dimensions. La sculpture et l'architecture sont des arts à trois dimensions spatiales dans la mesure où, à part la largeur et la hauteur, elles possèdent une profondeur et un volume. C'est pourquoi ces arts sont appelés arts de l'espace. Dans la peinture, on peut créer une profondeur à condition de procéder par la perspective illusionniste qui est un procédé grâce auquel on crée l'illusion de profondeur. Ervin Panofsky[269] considère la perspective comme une forme symbolique en récupérant quelques intuitions de Cassirer. Il distingue l'ancienne perspective curviligne ou angulaire et la perspective plane. La première perspective est euclidienne. Elle est naturelle puisque notre regard est binoculaire (regard en deux directions) et parcourt en même temps un champ qui est partie de la sphère. La taille

---

[267] E. Cassirer, *Écrits sur l'art*, p. 112.
[268] *Ibid.*
[269] E. Panofsky, *La perspective comme forme symbolique*, Paris, Minuit, 1976, pp. 40-50.

des objets est estimée en fonction de l'arc de sphère (angle). La seconde perspective est artificielle. C'est le modèle de la peinture moderne. Ainsi, dans l'espace esthétique, la notion de perspective reste la plus légitime pour construire un espace artistique. Une telle orientation inspirera des géomètres tels qu'Euclide, Desargues, Monge, etc. À ce sujet, Cassirer ajoute que « les arts plastiques ne sont pas de simples transpositions ou copies d'un espace rigide et préexistant, mais des voies d'accès à l'espace. Ils ne reproduisent pas mécaniquement une extériorité réciproque, mais ils sont de vrais organes de la construction de l'espace »[270]. Concluons en affirmant que l'espace existe dans la forme artistique à travers surtout la notion de perspective. En est-il question aussi dans l'espace organique de l'animal inférieur ?

3.3. L'espace organique de l'action de l'animal

Selon Cassirer, cet espace est le niveau le plus bas ou la couche inférieure des êtres inférieurs. Le philosophe de Marbourg poursuit en affirmant que l'organisme vit dans un certain milieu particulier. Pour y survivre, il est obligé de s'adapter aux conditions qui lui sont données par cet espace. Cette exigence est une condition *sine qua non* pour les organismes inférieurs et supérieurs. Leur adaptation est nécessitée par un système de réactions compliqué et une différenciation entre les stimuli physiques et une réponse adéquate à ces stimuli. À ce sujet, Cassirer affirme, à titre illustratif, que « les animaux nouveau-nés semblent avoir un sens très juste et aigu de la distance et de la direction spatiale : un jeune poussin à peine sorti de sa coquille se repère et picore les grains répandus sur son chemin »[271].

Les biologistes et les psychologues ont mené des investigations sur les conditions particulières du processus d'orientation spatiale chez les animaux. Souvent, l'on se pose des questions concernant la faculté d'orientation des abeilles, des fourmis et des oiseaux, etc. D'après Cassirer, les animaux suivent dans leurs réactions très complexes un processus idéa-

---

[270] E. Cassirer, « Le langage et la construction des mondes des objets », dans *Essais sur le langage*, Paris, Minuit, 1969, p. 41.
[271] E. Cassirer, *Essai sur l'homme*, p. 68.

tionnel[272]. Ainsi, ils sont guidés par des impulsions corporelles d'un genre particulier, n'ayant pas une image mentale de l'espace. Moins encore, ils n'ont pas une fonction de la spatialité ni une représentation des relations dans le champ de l'espace qu'ils occupent. Pour Cassirer, Hans Volkelt, dans *Sur les représentations des animaux*, explicite l'expérience de l'orientation de l'espace de l'araignée :

> « Quand un objet est tombé sur la toile, l'araignée, après une première réaction, ne se précipitait sur lui que s'il bougeait ; mais lorsque l'objet restait tout d'abord suspendu en repos, elle ne courait pas depuis sa tanière jusqu'à lui sans faire une halte : elle marquait un temps d'arrêt au centre de la toile, afin d'établir, s'il est permis de parler ce langage humain à partir de là et par attouchement des fils disposés en rayons, la direction dans laquelle se trouvait l'objet volant qui s'était pris à la toile... une mouche s'était-elle jetée sur la toile que l'araignée laissait parfois sa victime lui échapper de cette manière ; car il arrivait que la mouche, à compter du moment où elle avait touché la toile, demeurât parfaitement immobile dans quelque position désespérée. L'araignée, attirée au centre par la première et unique secousse, palpait alors circulairement, depuis le centre, les rayons les uns à la suite des autres ; parfois elle trouvait la direction où la mouche pendait dans une immobilité complète ; parfois aussi elle y échouait et rentrait alors bredouille... Il ressort sans conteste de tous ces faits que, l'araignée ne reçoit pas par le biais de qualités optiques (qu'il s'agisse d'une image ou même seulement d'une vision de mouvement), y compris depuis le centre de la toile, d'information suffisante sur ce qui se passe à la périphérie de celle-ci, et que c'est le tact qui conditionne pour l'essentiel son comportement... même quand l'objet pend sur la toile à la très courte distance de 2-3 cm de l'araignée en train de palper, il arrive qu'elle ne le trouve pas[273]. »

L'espace dans l'action de l'animal inférieur est guidé par les sens tactiles de son corps et il n'y a pas une fonction spatiale qui existe dans son esprit. Une telle perspective est-elle perçue aussi dans l'espace de l'animal supérieur ?

---

[272] *Ibid.*
[273] E. Cassirer, *Philosophie des formes symboliques 3*, p. 177.

3.4. L'espace perceptif

L'espace perceptif, qui concerne les animaux supérieurs, n'est pas une donnée simple de sens, il est complexe. Dans sa complexité, il existe plusieurs éléments qui appartiennent à l'expérience sensible : la vision à travers l'optique, le tactile, l'acoustique et le kinesthésique. Au fait, il est question d'associer tous les organes des sens, ceux-ci s'imbriquant pour produire l'espace perceptif.

Cassirer cite Hermann von Helmholtz, réputé dans ce domaine, à cause des études qu'il a menées sur cette orientation physiologique. Psychologue et physiologiste, Helmholtz a tenté de résoudre les problèmes qui sont liés à la physiologie et à l'expérience sensible. L'espace de la perception est celui qui est perçu par chaque individu et tout dépend de sa faculté de percevoir l'étendue qui lui est destinée. Ne perdons pas de vue que, dans l'histoire de la psychologie de l'espace, il y a eu une lutte acharnée entre le nativisme et l'empirisme au sujet de l'origine de la perception spatiale. La solution à ce débat a été abordée dans l'approche symbolique de Cassirer.

3.5. L'espace anthropologique ou symbolique

Le fil conducteur de cette section nous amène à distinguer entre l'espace purement humain et l'espace animal. Nous avons vu que, dans l'espace organique, l'animal est très habile par rapport à l'homme quant à certaines fonctions de l'action. Par exemple, un enfant doit acquérir pour toutes sortes d'actions une habileté que l'animal possède déjà à sa naissance. Par ailleurs, Cassirer estime que l'homme compense cette insuffisance par un processus intellectuel de conception : c'est la symbolisation de son espace. En effet, la réalisation de l'homme s'effectue toujours dans un espace donné.

L'espace est la condition existentielle de l'homme dans l'univers symbolique. Ce faisant, « décrire et analyser les caractères spécifiques de l'espace dans l'expérience humaine est l'une des tâches les plus intéressantes et les plus importantes qui s'offrent à la philosophie anthropologique »[274]. En analysant la conception spatiale dans l'univers animal, c'est-à-dire au sens général entre l'homme et l'animal, nous nous rendons compte que les

---

[274] E. Cassirer, *Essai sur l'homme*, p. 307.

deux partagent un même espace. Pour spécifier celui de l'homme, il nous faut en plus analyser les formes de la culture humaine. Ainsi, le seul espace qui s'intéresse à la question de l'homme, c'est l'espace symbolique[275].

C'est pourquoi Cassirer définit l'homme comme étant un « animal symbolicum »[276]. Notre recherche consiste à montrer la limite entre le monde de l'homme et celui de l'animal au sujet de leur espace. En outre, dans la notion de l'espace organique d'action, l'homme reste inadapté par rapport à l'animal et dans l'espace symbolique, l'homme, par le pouvoir de sa raison, améliore les conditions de son espace puisqu'il détermine sa spécificité dans les symboles (cultures) auxquels il cherche à s'identifier et à partir desquels il veut en créer d'autres. Dans cette culture, il existe une relation entre les différentes formes : mythe, religion, art, langage, histoire, science, que l'animal ne saura pas développer dans son espace.

Cassirer définit cet espace symbolique comme « le milieu universel où la productivité de l'esprit est en train de se fixer et parvenir à ses premiers produits et à ses premières formes »[277]. Ainsi, le monde culturel ne devient intelligible que si nous l'inscrivons dans un langage de la spatialité. L'unité de l'homme n'est possible et ne se réalise immédiatement que parce que l'espace est la forme primitive de synthèse de toutes les formes. Qu'en est-il de l'espace langagier ?

3.6. L'espace langagier

L'espace langagier paraît étonnant pour tout néophyte des écrits de Cassirer. À ce propos, quelques questions méritent d'être posées : comment le langage peut-il acquérir une perspective spatiale ? Par quel mécanisme cela est-il possible ? En effet, le langage, chez Cassirer, est une forme symbolique de la représentation ; il suit une voie tout à fait autre que le mythe.

Il en résulte que « c'est dans le domaine de l'espace que le langage commence pour ainsi dire à prendre pied »[278]. L'espace permet à l'esprit d'entrer

---

[275] *Ibid.*, p. 69.
[276] *Ibid.*, p. 45.
[277] E. Cassirer, *Philosophie des formes symboliques 3*, p. 174.
[278] *Ibid.*, p. 497.

en contact avec les objets du monde extérieur. L'esprit ne peut représenter quelque chose sans pour autant le nommer. Nommer, c'est déjà le langage. De là suit que la formation des concepts du langage s'effectue seulement grâce à l'espace de l'esprit guidé par sa capacité de s'orienter pour parvenir ainsi à situer un objet à un endroit quelconque. Il s'ensuit que l'esprit acquiert la capacité de distinguer son « moi » des autres, ainsi que celle de distinguer les objets posés devant lui et entre eux. Selon Cassirer, l'esprit sera en outre capable d'exprimer l'abstrait de la manière suivante : « le "ici", le "là", le "toi", le "lui" »[279]. Donc, l'esprit devient capable de personnifier les lieux spatiaux et forme ses cadres spatiaux.

Pour notre philosophe, ce qui caractérise les premiers mots de l'espace est la fonction déictique[280]. La forme fondamentale de tout acte de langage se ramène à celle de « montrer » et cette fonction ne peut naître et se fortifier que là où la conscience a élaboré cette déictique elle-même. Le geste démonstratif constitue le moment crucial de ce développement.

Cassirer évoque à cet effet Hans Freyer[281] qui soutient l'importance décisive des gestes démonstratifs et leur différence de principe avec tous les simples mouvements d'expression en tant qu'une détermination spatiale. Bien que l'espace langagier opère dans la teinture du sentiment et de la sensation comme dans le mythe, il comporte aussi un tournant décisif, car il passe de l'espace de l'expression à l'espace de la représentation. Dès lors, les divers lieux ne paraissent plus seulement séparés entre eux en fonction de certains caractères qualitatifs et affectifs, mais font intervenir des relations précises d'interposition, d'ordre spatial, de relation. Cette possibilité est-elle vécue différemment dans l'espace théorique ?

3.7. L'espace théorique ou espace de la science formelle

L'espace théorique est celui qui correspond aux nécessités scientifiques et particulièrement à la géométrie. Alors, pourquoi emploie-t-on l'expression « théorique » ? C'est parce que l'espace théorique laisse de côté la question métaphysique de savoir si l'espace est idéal, relatif, en s'orientant dans l'approche substantialiste. Dans l'espace théorique, il est question

---

[279]   E. Cassirer, *Philosophie des formes symboliques 2*, p. 169.
[280]   E. Cassirer, *Philosophie des formes symboliques 3*, p. 175.
[281]   E. Cassirer, *Philosophie des formes symboliques 2*, p. 169

d'une étude sur le rapport fonctionnel et relationnel des objets spatiaux. Dans l'histoire de la géométrie, c'est Euclide qui forgea, le premier, une géométrie avec ses célèbres axiomes qui le rendirent célèbre. Cassirer réalise une rétrospective historique des différentes méthodes qui ont caractérisé la géométrie en commençant par la géométrie synthétique jusqu'à la théorie du groupe de transformation qu'il juge comme l'apothéose de la géométrie dans son histoire.

3.7 1. La géométrie synthétique ou intuitive

La géométrie synthétique est purement celle de l'Antiquité où l'intuition originaire occupe une place de choix. La pensée de l'Antiquité devait toujours « revenir à l'intuition et s'en remettre entièrement à elle »[282]. Dans ce contexte, l'intuition a joué un rôle important dans la recherche de la conceptualisation géométrique. Le modèle de cette intuition a eu pour source l'algèbre et l'arithmétique. Dans la géométrie, les espaces contenaient déjà le principe de l'intuition, car ils sont directement liés à la réalité concrète.

Selon Cassirer, la relation entre l'espace et l'intuition était déjà scellée dès le début de l'histoire de la logique. On parlait du concept générique de la logique. Le même terme *eidos* désignait à la fois « le concept de figure géométrique et celui de genre et d'espèce »[283]. On peut dire que le concept et la figure deviennent identiques dans une coïncidence sans défaut. D'après Cassirer, la figure géométrique sert d'expression de garantie logique. Il s'ensuit que c'est la géométrie qui fonda la logique et que celle-ci devient le présupposé de la géométrie :

> « Pour être pleinement appréhendés, les "genres" de l'étant doivent être rigoureusement délimités les uns par rapport aux autres et restreints à un domaine défini et circonscrits une fois pour toutes. De contenus bien formés, il en va de même pour les figures géométriques dont la diversité se projette dans une région aux contours bien marqués et présentent une spécificité inaltérable[284]. »

---

[282] E. Cassirer, *Substance et fonction*, p. 87.
[283] J. Seidengart, *Cassirer et les mathématiques*, dans *Philosophes et mathématiques*, Paris, Ellipses, 1996, p. 232.
[284] E. Cassirer, *Substance et fonction*, p. 88.

Cassirer constate aussi que les différentes figures géométriques se classaient sous un système très lourd et peu commode parce qu'il manquait d'unité systématique et de simplicité méthodologique. Pour notre auteur, « cercle et ellipse, ellipse et parabole n'appartenant pas au même type d'intuition sensible, ils ne peuvent pas non plus semble-t-il […] tomber sous l'unité d'un même concept »[285]. Il ne s'agit plus d'une similitude, mais d'une identité logique de principe. Il y a deux espèces d'énoncés qui ont chacun une fondation distincte. Cette fondation voit sa valeur et sa nécessité soumises à la condition d'être référées chaque fois au concept qui la sous-tend et à la structure spécifique qu'il impose.

En réalité, c'est l'intuition de la figure qui modifie le nouveau comportement. La géométrie synthétique n'a pas obéi à l'exigence de l'unité systématique, surtout avec la construction des coniques d'Apollonius où il était difficile dans une seule position de diviser en plusieurs cas les différentes figures. Par cette construction, l'unité requise des principes de la géométrie va disparaître pour céder la place à la particularité, c'est-à-dire à l'unité particulière de chaque figure. C'est le rôle que l'époque moderne a joué en géométrie, celui de compléter certaines insuffisances constatées dans l'Antiquité. Cassirer appelle cette démarche « une prise de conscience des insuffisances philosophiques qui grèvent une telle attitude »[286]. René Descartes, à travers sa géométrie analytique, complétera ces insuffisances.

3.7.2. La géométrie analytique cartésienne

Cassirer considère la géométrie analytique de Descartes comme une grande révolution dans le monde des sciences mathématiques et de la philosophie des mathématiques. La réforme de la géométrie supposait aussi la réforme de la nouvelle méthode. D'après Cassirer, la méthode cartésienne est très commode parce qu'elle « vise, en tout domaine, à instituer un ordre et une liaison univoque entre toutes les expressions de la pensée aussi singulières soient-elles. Ce n'est pas le contenu d'une idée qui décide de sa valeur pour la connaissance, c'est la nécessité en vertu de laquelle elle dérive des principes absolument premiers »[287]. En réalité, c'est l'idéalisme moderne qui a soutenu la réforme géométrique

---

[285] *Ibid.*, p. 89.
[286] *Ibid.*
[287] *Ibid.*, p. 90.

de Descartes dans le sens où le regard ne devait plus être fixé sur l'être des figures géométriques, mais devait, au contraire, retourner vers l'unité du sujet pensant à partir duquel procède la multiplicité de ses différentes démarches. Pour Cassirer, bien que Descartes soit resté un peu intuitionniste au sens de l'ancienne géométrie par sa méthode, c'est à l'esprit que revient le rôle de penser les différentes figures d'une manière nécessaire (l'affirmation de son rationalisme). Or, pour aboutir à une telle perspective, il faut un changement de direction. C'est pourquoi, selon Cassirer, Descartes préfère placer le concept de nombre en association avec celui d'espace. La géométrie est égale à l'arithmétique en tant qu'« une nécessité philosophique interne qui conduit à substituer l'idée du déchiffrage de la notion d'espace à l'aide de la notion de nombre »[288].

Pourquoi Descartes préfère-t-il faire correspondre l'arithmétique à la géométrie ? Pour Cassirer, le nombre a été longtemps considéré comme le paradigme des mathématiques au cours de leur histoire et a eu un impact considérable sur les autres sciences exactes[289]. En identifiant l'espace au nombre, cela signifie qu'il faut penser à un changement total au sein de la recherche en géométrie : « les recherches géométriques changent de plan et reçoivent un statut théorique nouveau »[290]. Selon Cassirer, en vertu de ce transfert, les concepts qui étaient liés aux formes substantielles de la géométrie antique étaient aussi séparés les uns des autres et ont également subi une transformation.

Il s'ensuit que la découverte de la géométrie analytique par Descartes est, pour Cassirer, une véritable révolution philosophique du mode de la pensée. L'ancienne géométrie était liée à la logique formelle. Dans la nouvelle géométrie, il y a le « champ libre à une nouvelle logique des multiplicités qui déborde les limites de la syllogistique »[291]. D'après Cassirer, pour asseoir sa validité, Descartes utilisa le concept de mouvement qui se veut « non pas un parcours concret, mais un progrès purement idéal des figures »[292]. Ce mouvement permet, selon Cassirer, une grande synthèse qui rassemble dans l'unité d'une figure de l'espace une pluralité

---

[288] *Ibid.*
[289] *Ibid.*
[290] *Ibid.*, p. 91.
[291] *Ibid.*, p. 89.
[292] *Ibid.*, p. 92.

de déterminations topologiques selon une loi de cohérence. Par ailleurs, Descartes n'a pas inséré la notion de courbes transcendantes dans ses concepts. Les courbes rendent inapplicable sa théorie des mouvements. C'est là, d'après Cassirer, que réside la faiblesse méthodologique de la géométrie analytique. Leibniz, à travers sa géométrie combinatoire ou différentielle, a essayé de mettre en relation les différentes séries infinies de la géométrie.

3.7.3. La géométrie différentielle/combinatoire

Le concept sériel (une série, une suite infinie) est l'objet de la géométrie combinatoire. Selon Cassirer, c'est grâce à cette nouvelle géométrie que la « conceptualisation nouvelle dont la géométrie analytique a esquissé les grandes lignes et développera toute sa puissance »[293]. Dans cette nouvelle orientation spatiale, il n'est plus question d'intuition ni d'arithmétique, mais d'un autre paradigme : la « théorie générale des fonctions »[294]. C'est grâce à ces fonctions qu'on peut effectuer les différentes relations et ouvertures à partir des éléments dont la combinaison nous sert à former des unités nouvelles et détermine réciproquement un « système de dépendances mutuelles »[295].

L'analyse sérielle de cette géométrie montre l'existence de l'unité entre les différentes connexions. Pour Cassirer, si on donne une série par exemple d'une certaine base, il faut la faire correspondre à d'autres séries de base : « $x_1, x_2, x_3, x_4, \ldots x_n$ et on correspond à cette série par une certaine règle, une autre série de valeurs $y_1, y_2, y_3, y_4, \ldots y_n$ »[296]. Ainsi, cette mise en correspondance entre ces deux séries ne doit pas seulement se limiter aux procédés algébriques traditionnels tels que l'addition, la soustraction, la multiplication, la division, mais cette nouvelle conceptualisation englobe un ensemble total de procédés que Cassirer appelle « les formes possibles de lois de dépendances entre grandeurs en général »[297].

À partir de cet ensemble des formes possibles des lois, le concept de nombre passe au côté du concept général de fonction. La notion de

---

[293] *Ibid.*, pp. 93-94.
[294] *Ibid.*, p. 96.
[295] *Ibid.*, p. 89.
[296] *Ibid.*, p. 94.
[297] *Ibid.*, p. 94.

courbe surgit avec force contrairement à la géométrie analytique où elle était incompatible. La courbe se considère, selon Cassirer, dans la géométrie combinatoire comme une « condensation conceptuelle résultant de la convergence d'une multiplicité infinie de correspondances opérées par concepts »[298]. Le concept opère certaines correspondances à partir d'une multiplicité convergeant vers un seul point. Donc, cette infinité de déterminations sectorielles permet une unité de faisceau dans l'unité du concept géométrique. Une telle unité est vue dans la méthode qu'utilise l'analyse infinitésimale[299].

Dans la géométrie analytique, le point singulier du plan est déterminé par la valeur numérique de ses coordonnées qui sont x et y. Dans la géométrie combinatoire, il y a d'abord l'intervention de l'équation différentielle du premier ordre $f(x, y, y') = 0$[300]. Cette équation permet de faire correspondre à chaque point obtenu une certaine direction et de lui assigner une progression[301]. En plus, dans cette géométrie, il n'est pas seulement question de faire obtenir pour chaque point une certaine direction et une progression, mais aussi de rendre ces directions et ces progressions compatibles afin d'en tirer la « loi d'ensemble d'une courbe pourvue de toutes les particularités de son parcours géométrique »[302]. Soit l'équation différentielle du deuxième ordre, $f(x, y, y', y'') = 0$[303]. Dans cette équation, on voit qu'on fait correspondre à chaque point et à la progression qui lui est assignée un certain rayon de courbure. Il est toujours question, selon Cassirer, de dériver de l'ensemble des valeurs de courbure pour obtenir la forme globale de la courbure[304]. Les concepts de direction et de courbure sont les éléments qui permettent d'exprimer les principes sériels. La série est égale aux lois de variation. Si, dans la géométrie ancienne, il était question de l'intuition immédiate de la saisie de l'objet, dans la géométrie différentielle, il y a des médiations[305]. Cette conception sera récupérée

---

[298] *Ibid.*
[299] H. Cohen, *Le principe de la méthode infinitésimale et son histoire*, Paris, Vrin, 1999, p. 34.
[300] E. Cassirer, *Substance et fonction*, p. 94.
[301] *Ibid.*
[302] *Ibid.*
[303] *Ibid.*
[304] *Ibid.*, p. 89.
[305] *Ibid.*, p. 95.

par Cassirer pour fonder sa théorie de l'espace relationnel et fonctionnel. Avant cela, Cassirer trouve que la théorie générale des fonctions dans la géométrie différentielle a permis d'élaborer la géométrie de position (ou projective).

3.7.4. La géométrie projective ou de position/figure

Plusieurs géomètres ont salué avec révérence l'avènement de la géométrie projective. Tout au début, la géométrie métrique qui occupait une place de choix et se limitait à la mesure des objets géométriques (droites, plans, points) n'était pas accessible pour des projections des figures. C'est pourquoi il fallait une géométrie qui serait capable de projeter les figures dans une certaine connexion. À ce sujet, Félix Klein affirme que « parmi les travaux effectués depuis cinquante ans dans le domaine de la géométrie, le développement de la géométrie projective occupe la première place »[306].

Avant la naissance de la géométrie projective, Gaspard Monge inaugura les travaux de la géométrie descriptive qui devrait préparer le terrain aux éléments des fondements de la géométrie projective. La géométrie descriptive consiste à figurer chaque point de l'espace par ses projections orthogonales m et m_1 sur deux plans perpendiculaires. Il s'agit d'un procédé graphique qui consiste à résoudre des nombreux problèmes pratiques tels « la coupe des pierres, la charpente, les ombres, la perspective, la topographie, la théorie des machines, etc. »[307]. Dans le même sens, Augustus Ferdinand Möbius proposa l'utilisation des grandeurs géométriques ; celles-ci n'étaient que la préparation de la géométrie projective. Chasles et Poncelet avaient institué la notion de la transformation en géométrie. Pour Möbius, la transformation consiste à projeter les droites dans un autre système égal (A', B', C', D') = (A, B, C, D)[308].

Parmi les figures de proue qui ont soutenu les avancées de la géométrie projective, nous citons Klein, Desargues, Poncelet, Chasles, Staudt, etc. Déjà Hermann Grassmann avait privilégié la révolution opérée par la

---

[306] F. Klein, *Le programme d'Erlangen*, p. 3.
[307] A. Dahan et J. Peiffer, *Une histoire des mathématiques, routes et dédales*, Paris, Seuil, 1986, p. 139.
[308] A. Dahan et J. Peiffer, *Une histoire des mathématiques*, p. 67.

méthode projective en géométrie. Dans *Geometrische Analyse geknüpf an die Leibniz erfundene charakteristk*, montre Cassirer, Grassmann pense que, dans le développement de la géométrie moderne, la géométrie projective se développa davantage que la géométrie métrique. Les résultats de ses recherches vont influencer Poncelet, Desargues et les autres, qui vont continuer les recherches dans la même direction. Dans ce contexte, la géométrie métrique devrait céder sa place à celle de position pour favoriser l'émergence de la géométrie en tant que science de l'espace. Il faut savoir que la géométrie projective reste un élément de la géométrie analytique cartésienne puisque l'intuition réaffirme son autorité.

Girard Desargues fournit les premières tentatives d'une telle géométrie. Dans cette géométrie, « les lignes droites (ce que nous appelons un faisceau) sont une famille de droites, soit toutes concourantes en un point, soit toutes parallèles »[309]. Mais ses initiatives ont été rejetées par Descartes qui qualifia sa géométrie projective de « métaphysique générale de la géométrie »[310]. De ce fait, la méthode de Desargues ne trouva pas facilement de l'ampleur dans le monde des mathématiciens à cause de la dominance, du privilège et de la souveraineté des méthodes analytiques de Descartes. Il fallait donc critiquer et dépasser Descartes. C'est Leibniz qui, le premier, s'attaqua à l'analyse cartésienne à partir de son *Analysis situs* (analyse des situations). Parmi les disciples de Desargues, on cite Blaise Pascal.

De son côté, Jean-Victor Poncelet essaya pour la première fois de construire une géométrie projective pure en rejetant la construction basée sur les concepts de mesure et de quantité pour adopter le concept de pures relations de position. Il a écrit en 1822 une œuvre magistrale sur la géométrie projective, le *Traité des propriétés projectives des figures*. Pour Cassirer, ce traité n'est pas seulement important en mathématique, mais aussi en philosophie et en épistémologie parce que Poncelet rompt avec le concept leibnizien de continuité pour doter la géométrie d'un nouveau paradigme, celui de « concept imaginaire »[311]. Il s'agissait des projections des figures qui sont situées à une distance infinie et ne peuvent pas être appréhendées par une géométrie particulière sinon dans un ensemble de figures. La pluralité de figures ne se considère plus comme une étude par-

---

[309] J. Escofier, *Histoire des mathématiques*, p. 48.
[310] E. Cassirer, *Substance et fonction*, p. 97.
[311] E. Cassirer, *Problème de la connaissance 4*, p. 66.

ticulière de chaque figure comme cela se faisait dans la géométrie synthétique, mais dans cette géométrie, « l'intérêt se concentre tout entier sur la manière dont ils procèdent les uns des autres par génération mutuelle »[312].

Bien que la méthode de Poncelet ait été critiquée par Cauchy qui l'accusa de présuppositions philosophiques dans son œuvre, sa réponse, affirme Cassirer, se veut un nouveau départ en géométrie : « ses présuppositions, loin de constituer un problème marginal, détiennent la clef de la conception nouvelle »[313]. Pour atteindre cet objectif, il fallait libérer la géométrie de l'intuition antique pour prendre la nouvelle orientation qui consiste à ne s'intéresser qu'à des figures, à leur réseau de fonctionnement et non à leur particularité. Par le fait que les figures sont en réseau et ont des corrélations entre elles, la notion d'invariants devient le fondement de cette géométrie :

> « Nous disons d'une certaine figuration spatiale, qu'elle est corrélativement ordonnée à une autre lorsqu'on peut l'en dériver par transformation continue d'un ou plusieurs éléments de position, ce qui, au reste, implique la présupposition du caractère invariant de certaines relations spatiales qui constituait des propositions de base et devant jouer le rôle de conditions générales du système »[314].

À cet effet, la notion d'invariants devient la force probante pour la démonstration géométrique. Poncelet récupère la notion et l'exprime en termes philosophiques : « principe de continuité et qu'il précise en les qualifiant de principe de la permanence des relations mathématiques »[315]. La règle unique de ce principe est qu'il faut énoncer la possibilité de fixer la valeur de certaines relations définies, une fois pour toutes, au-delà des changements qui peuvent subvenir dans le contenu des éléments et des termes singuliers qui sont mis en relation. Au fait, il est question tout simplement des corrélations entre les figures qui ne varient pas.

---

[312] E. Cassirer, *Substance et fonction*, p. 98.
[313] *Ibid.*, p. 100.
[314] *Ibid.*, p. 101.
[315] *Ibid.*

Selon Cassirer, Poncelet a distingué trois grandes formes de corrélations : « la corrélation directe, la corrélation indirecte et la corrélation idéale »[316]. La corrélation directe consiste à prendre une figure donnée comme point de départ et à procéder ensuite en opérant sa transformation en une autre figure tout en conservant ses différentes parties ainsi que leur ordre propre. Dans la corrélation indirecte, l'ordre des parties de la figure dérivée est modifié, voire permuté. Il ne s'agit plus de garder l'invariant, mais de permuter même la figure dérivée qui devrait servir de fondement. Dans la corrélation idéale, lors de la transformation, il n'y a plus rien qui reste au niveau des figures dérivées. Donc, de ces trois corrélations, aucune ne peut altérer la géométrie projective de ses prérogatives internes, c'est-à-dire une science de la permanence et des lois formelles de relation.

Poursuivant le débat, Michel Chasles mène la recherche dans la même perspective que Poncelet dans son *Aperçu historique sur le développement des méthodes en géométrie*. Pour lui, le fait que dans certaines corrélations de Poncelet s'ajoutent de nouveaux éléments n'altère pas le système dans sa totalité, mais permet une certaine continuité. Raison pour laquelle, estime Cassirer, Chasles énonce le principe de relations contingentes[317]. Le principe de continuité de Poncelet n'est autre que le principe de relation contingente, c'est-à-dire que les éléments nouveaux qui s'ajoutent au système ne sont que contingents et ne peuvent pas altérer l'ensemble de la connexion.

Par ailleurs, aux yeux de Cassirer, la géométrie projective était confrontée au problème de construction de certaines figures à partir de la métrique. C'est ce qui a donné naissance au concept de double rapport ou de bi-rapport[318]. Pour Cassirer, si Jacob Steiner a soutenu la perspective de Poncelet, celle d'articuler la projective et la métrique, Christian von Staudt s'en démarque en adoptant le remplacement du double rapport par la projection[319], qui est indépendante de la métrique. À en croire Cassirer, la géométrie projective est considérée comme englobante et fournit des bases solides à la théorie des groupes de transformations.

---

[316] J.-V. Poncelet, *Traité des propriétés projectives des figures*, cité par E. Cassirer, *Substance et fonction*, pp. 103-104.
[317] *Ibid.*, p. 106.
[318] E. Cassirer, *Problème de la connaissance 4*, p. 67.
[319] *Ibid.*

3.7.5. La géométrie et la théorie des groupes de transformations

La théorie des groupes de transformations constitue le couronnement et le progrès de la science de l'espace. Cette théorie a résolu toutes les difficultés qui se présentaient à travers la relation qui existait entre la projective et la métrique et surtout entre la géométrie euclidienne et les géométries non euclidiennes. Selon Cassirer, « le rattachement de la géométrie à la théorie des groupes y constitue la phase ultime, représentative de l'ensemble du problème »[320]. Dans ce sens, la théorie des groupes apporte une nouveauté parce que l'unité qu'elle confère à la géométrie ne concerne pas seulement un élément, mais aussi un système d'opérations des figures. Dans l'histoire des mathématiques, on cite le nom de Félix Klein comme celui qui a révolutionné et donné ses fondements solides à la théorie des groupes.

De ce fait, l'histoire de la théorie des groupes, estime Cassirer, remonte vers Helmholtz qui associa pour la première fois les problèmes mathématiques à ceux de la psychologie en utilisant le concept de groupe : « la première tentative pour appliquer à des questions de psychologie certaines spéculations mathématiques qui ont pour centre le concept de groupe se trouve dans la mémoire de Helmholtz »[321].

Leibniz, dans son *Analyse combinatoire*, avait salué l'introduction du concept de groupe en mathématiques et pensa qu'en cela, il fallait chercher le centre des mathématiques et avait même tenté d'édifier le calcul combinatoire universel et sa caractéristique générale. Poursuivant l'histoire de la théorie des groupes de transformations vers le XVIIIe siècle, grâce aux travaux de Lagrange, Augustin Louis Cauchy (1789-1857) et Camille Jordan, le concept du groupe a porté ses premiers fruits dans le domaine de l'algèbre en se référant aux travaux d'Évariste Galois (1811-1832) qui demeure le précurseur, au sens propre, du concept de groupe. C'est à travers sa théorie des substitutions des équations algébriques, c'est-à-dire de permutations d'un nombre fini d'objets[322] que la théorie du groupe deviendra une discipline à part entière en mathématique.

---

[320] E. Cassirer, *Substance et fonction*, p. 110.
[321] E. Cassirer, « Le concept de groupe et la théorie de la perception », *Journal de psychologie normale et pathologique*, vol. 35, 1938, p. 368.
[322] G.-G. Granger, *La pensée de l'espace*, p. 70.

Il réussit, à cet effet, à fonder sa théorie en transmuant les équations algébriques aux groupes. C'est, enfin, Arthur Cayley, Sophus Lie et Félix Klein qui ont amené le concept de groupe à son haut niveau, c'est-à-dire dans le cœur même de la recherche mathématique de l'époque. C'est grâce au concept de groupe que la géométrie moderne a pu éclairer les lanternes de l'opinion sur sa démarche épistémologique. Alors qu'appelle-t-on groupes de transformations ?

Selon Cassirer, « le groupe se définit comme le concept générique d'opérations très précises A, B, C… de sorte qu'en combinant deux opérations (A, B), il en résulte une nouvelle opération qui appartient à ce concept générique ; comme condition complémentaire, il est requis qu'à côté de A, l'élément inverse A-1 soit présent dans le groupe »[323]. Dans ce contexte, un groupe est d'abord un ensemble d'opérations dans lesquelles on associe certaines connexions entre les sous-ensembles pour aboutir à l'opération d'origine. De ce fait, l'opération de groupe implique une certaine loi d'invariance. Chez Klein, le groupe peut se comprendre comme étant un « ensemble des transformations géométriques, impliquées par le mouvement que les éléments retenus, peuvent effectuer dans notre espace tridimensionnel qui forme un groupe, étant donné que le résultat de deux mouvements successifs peut être constamment figuré et compensé par un mouvement unique »[324]. D'après Cassirer, le groupe permet d'obtenir un principe général de classification qui unifie dans une direction commune les différentes méthodes, les différentes formes possibles de la géométrie et permet aussi de dominer la symétrie systématique. Dans l'arithmétique, c'est la symétrie qui classifie en ordre les différents éléments. Pour Granger :

> « Un groupe de transformation des figures d'une géométrie est un système d'opérations tel que toute application itérée de ces opérations ait encore pour résultat une figure de cette géométrie et soit associative ; il faut en outre, que l'une de ces opérations l'identifie, laisse invariant son objet, et qu'à toute opération corresponde une opération inverse telle que leur application successive équivaille à l'identité[325]. »

---

[323] E. Cassirer, *Problème de la connaissance 4*, p. 43.
[324] F. Klein, *Programme d'Erlangen*, p. 6.
[325] G.-G. Granger, *La pensée de l'espace*, p. 71.

Analysant cette définition grangerienne, nous voyons que l'importance est plus accordée à la notion d'invariants, que nous développons en abordant le *Programme d'Erlangen* de Klein.

3.7.6. Le Programme d'Erlangen de Félix Klein comme couronnement de la méthode projective

En 1872, Félix Klein publia *Le programme d'Erlangen. Considérations comparatives sur les recherches géométriques modernes* et proposa pour la première fois une vision panoramique des différentes géométries. D'après Cassirer, un tel apport s'est fait à partir d'un point de vue « rigoureux, unifié et systématique »[326]. En outre, ce programme a constitué une avancée significative, non pas seulement dans l'histoire des mathématiques en général, mais aussi dans l'ensemble des sciences formelles, surtout en géométrie. Selon Cassirer, le « problème semblait, enfin, de voir assigner son lien naturel »[327].

Pour Cassirer, ce traité des mathématiques était limité à l'explication formelle et analytique du problème et faisait abstraction de toutes les considérations ontologiques portant sur la réalité effective de l'espace qui prévalait chez les philosophes. Par là, Klein avait-il remis en question le problème philosophico-ontologique de l'espace ? Il faut savoir que les premiers inventeurs des géométries non euclidiennes étaient vraiment dans la joie de la découverte et n'ont pas su établir la ligne de démarcation entre la métaphysique et la mathématique. Selon Cassirer, « ils croyaient avoir enfin retrouvé le secret de l'espace que n'avait su totalement dévoiler la géométrie euclidienne »[328].

Par exemple, selon Klein, Bolyai avait abandonné des axiomes des parallèles d'Euclide grâce à la nouvelle géométrie qui constituait une « doctrine absolument vraie de l'espace »[329]. D'où, la géométrie de Bolyai est absolue. Cependant, pour éviter toute confusion épistémologique, Klein estime que les problèmes mathématiques sont d'ordre structurel

---

[326] E. Cassirer, *Problème de la connaissance 4*, p. 40.
[327] *Ibid.*
[328] *Ibid.*, p. 41.
[329] F. Klein, « Über die sogenante nicht-euklidische Geometrie », dans *Gesammelte mathematischen Abhandlungen*, t. I, p. 312, cité par E. Cassirer, *Problème de la connaissance 4*, p. 41.

et ne peuvent pas se confondre avec les problèmes liés à l'ontologie à l'instar de la philosophie. À ce sujet, Cassirer tout comme Klein affirment que « les mathématiques ont affaire à l'étude de pures questions de structures qu'on ne saurait confondre avec des questions existentielles quelles qu'elles soient »[330]. Dans un autre traité qui est son cours d'histoire des mathématiques, Klein montre avec lucidité que beaucoup d'erreurs fatales commises en mathématiques sont dues au fait que le vrai problème des mathématiques était orienté dans une autre perspective. Certaines recherches ont été transposées dans un domaine différent que celui à partir duquel les mathématiques opèrent.

Par là, on a assisté à une sorte de métabolisme qui a détruit le sens spécifique des mathématiques. Pour faire face à cet obstacle, Klein, dans sa métagéométrie, a montré la continuité qui existe entre l'espace euclidien et les espaces non euclidiens à partir de la mesure de la courbure qui est toujours constante dans tous les espaces. Cette proposition a été récupérée par les philosophes qui ont voulu la compléter par une orientation différente afin de parvenir à une métaphysique des mathématiques

C'est pourquoi le point de départ du *Programme d'Erlangen* commence par la question du concept et de la tâche de la géométrie afin d'éviter les erreurs précédentes des philosophes. À partir de la géométrie euclidienne jusqu'à la métagéométrie, la question du concept et de la tâche de la géométrie trouve une nouvelle réponse tant sur le plan logique que critique. Rappelons que l'objectif de Félix Klein était de montrer la continuité, la relation qui existe entre la géométrie euclidienne basée sur la métrique et les géométries non euclidiennes basées sur la projective. Il s'est proposé, dans son étude, d'examiner, au cas par cas, les géométries métriques correspondantes à d'autres types de géométries. Il montre qu'il est possible à partir d'un groupe de transformation, de ramener une géométrie euclidienne dans les géométries non euclidiennes et vice versa sans pour autant altérer la transformation initiale. Pour y arriver, le savant d'Erlangen estime que le principe unificateur se trouve dans la notion de groupe de transformation. Du point de vue de son importance, Cassirer note ceci :

---

[330] *Ibid.*

« Le concept de groupe est une caractéristique générale des mathématiques modernes qui sont purement intellectuelles et sont délivrées de toute forme d'intuitions[331]. Le concept de groupe est une caractéristique d'une pure doctrine des formes en laquelle ce ne sont ni les quanta ni leurs images, c'est-à-dire les nombres, qui sont en relation, mais ce sont les objets intellectuels, les choses-pensées[332]. »

Avec le concept de groupe, on aboutit à une théorie des formes et des relations. En analysant son programme, Klein commence par poser le procédé d'un groupe principal qui constitue le premier apport du programme : « Les groupes de transformation de l'espace. Groupe principal. Problème général »[333]. Il montre comment on peut procéder à la transformation d'un groupe principal sans pour autant altérer les propriétés géométriques des figures. Un groupe, chez lui, est un « ensemble donné de transformation ayant la propriété que toute transformation, résultant de la composition d'un nombre quelconque d'entre elles, appartient aussi à l'ensemble ; il constitue ce que l'on nomme un groupe de transformation »[334]. Dans le groupe principal, les propriétés géométriques ne sont pas altérées et restent invariantes relativement aux transformations du groupe principal. La théorie des invariants dérive de celle des groupes de transformation qui en constitue le socle. Il s'ensuit qu'avec la notion de groupe de transformation, le concept d'invariant trouve sa place en plein cœur de la géométrie. Pour Cassirer, avec la notion des invariants du groupe, la géométrie pourrait être redéfinie comme :

« Une théorie des invariants, la géométrie traite des relations immuables, mais cette immuabilité n'a de sens qu'en fonction de certains grands schémas de déplacements qui constituent en quelque sorte, l'arrière-plan formel destiné à en garantir par contraste, la validité[335]. »

---

[331] E. Cassirer, *Le concept de groupe et la théorie de la perception*, p. 305.
[332] *Ibid.*
[333] F. Klein, *Le programme d'Erlangen*, p. 5.
[334] *Ibid.*, p. 6.
[335] E. Cassirer, *Substance et fonction*, p. 112.

Pour Gilles Gaston Granger, la notion d'invariant dans un groupe de transformation comporte deux sens :

« D'une part, les figures d'un espace défini par son groupe principal sont caractérisées par l'invariance, sous ce groupe, de certaines propriétés considérées alors comme leurs propriétés géométriques. D'autre part, si les figures elles-mêmes sont naturellement modifiées par les opérations du groupe, il peut exister certaines figures de cet espace qui demeurent inchangées comme telles, invariantes pour toute transformation du groupe[336]. »

Eu égard à ce qui précède, on notera que de part et d'autre de l'explication d'un invariant, Granger privilégie l'impact de ce qui est inchangé dans un groupe de transformation. Pour parler de l'invariant, seules les propriétés géométriques sont susceptibles de la transformation et non les propriétés topologiques. Toujours dans la perspective du groupe de transformation, beaucoup d'objets spatiaux sont considérés comme caractéristiques de l'espace, mais n'ont rien à voir avec la géométrie. Par ailleurs, ce qui différencie la géométrie de la topographie est le fait qu'en géométrie, les propriétés demeurent inchangées (invariants) lors d'une transformation alors que les propriétés topographiques changent dans la transformation.

Cassirer affirme ce point de vue en ces termes : « Ce qui distingue la géométrie de la topographie, c'est, précisément, que seules méritent d'être qualifiées de géométriques, les propriétés de l'espace qui demeurent inchangées par rapport à un certain groupe d'opérations[337]. » Pour Cassirer, la théorie des invariants ne se base pas sur les propriétés de la topographie, mais sur les propriétés géométriques qui sont invariantes lors d'une transformation déterminée. C'est pourquoi, chez Félix Klein, c'est le groupe principal qui demeure invariant lors de la transformation.

Il s'ensuit que le second apport du programme d'Erlangen est de montrer la relation existant entre les différentes recherches en géométrie. Klein parle de la « coordination des groupes de transformation dont l'un contient l'autre, voire les différents types de recherches géométriques

---

[336] G.-G. Granger, *La pensée de l'espace*, p. 72.
[337] E. Cassirer, *Substance et fonction*, p. 111.

et leurs relations mutuelles »[338]. En effet, Klein distingue la géométrie métrique, la géométrie projective, la géométrie affine, la géométrie des rayons réciproques, la géométrie de la sphère, la géométrie plane, l'*analysis situs*, etc. Pour lui, toutes ces géométries sont spécifiées soit en métrique, soit en projective. Seul le groupe principal qui est déterminant pour la géométrie euclidienne et les géométries non euclidiennes. Ce groupe principal étudie toutes « les propriétés d'une figure spatiale, propriétés qui ne sont modifiées ni par les mouvements de l'espace (ou toute autre transformation analogue), ni par le processus de réflexion, ni par toutes les transformations qui s'opèrent à partir d'eux »[339].

Rappelons que le groupe principal est invariant. Il ne peut pas être modifié par le mouvement de l'espace à partir de la transformation. Il résulte que le problème qui se pose est de savoir si, en face d'une pluralité des propriétés et des figures, on doit toujours employer le groupe principal. Pour répondre à cette question, Félix Klein avait développé les différentes sortes de géométries qui ont permis une certaine classification. Toutefois, la transformation du groupe principal peut éclater en transformation ponctuelle, en transformation de contact, etc. Car, la tâche que doit s'imposer chaque géométrie dans le groupe de transformation consiste à donner une multiplicité des éléments.

En outre, à partir de la notion du groupe de transformation, il n'existe pas une géométrie qui soit vraie par rapport aux autres. Cette question a perdu son sens et sa primauté. D'après Cassirer, « toutes ces géométries sont également rigoureuses et sont par suite d'un point de vue théorique, également justifiées »[340]. En plus, du point de vue de leur universalité, toutes les géométries se valent. Il n'y a pas une certaine hiérarchie des géométries. Toutes les différences se présentent seulement au niveau du groupe choisi. Selon Cassirer, « il est manifeste qu'on ne saurait hiérarchiser les différentes géométries selon leur degré d'exactitude : toutes les géométries sont également vraies et nécessaires »[341]. Sur ce, la géométrie projective est placée au-dessus de la géométrie métrique à cause de son groupe de transformation projectif qui englobe aussi le groupe principal.

---

[338] F. Klein, *Le programme d'Erlangen*, p. 8.
[339] E. Cassirer, *Problème de la connaissance 4*, p. 44.
[340] *Ibid*.
[341] *Ibid.*, p. 45.

Or le groupe principal fonde la géométrie euclidienne. Ainsi, « le groupe principal de la géométrie euclidienne devient donc une partie de la géométrie projective »[342]. Dans ce sens, nous pouvons parler d'implication mutuelle entre les géométries.

Conclusion

Ce chapitre a présenté l'originalité et l'innovation cassirerienne à propos de l'espace. Dans sa perspective, le philosophe de Marbourg veut une approche conciliante et relationnelle. Il se réfère à Leibniz à travers le concept d'ordre et de relation de l'espace et, à travers la théorie des groupes de transformation de Klein, il élabore sa propre théorie. C'est alors qu'il examine les propriétés métriques de la géométrie euclidienne et celles des géométries non euclidiennes. Il constate qu'il existe une possibilité d'implication entre les deux géométries à travers le groupe principal. Il ressort que la géométrie cesse d'être une science diversifiée des espaces, mais est une science de la relation de différents types d'espaces. C'est ici que Cassirer développe sa conception fonctionnelle de la connaissance où il invite à adopter une attitude purement conciliante. Une telle perspective est étudiée aussi dans sa philosophie du temps.

---

[342] E. Cassirer, *Problème de la connaissance 4*, p. 46.

Troisième chapitre

Esquisse d'une philosophie du temps chez Ernst Cassirer

Espace et temps entretiennent un rapport épistémologique, voire ontologique, dans la construction de l'édifice du monde. Ce chapitre illustre ce rapport, qui est d'ordre relationnel et fonctionnel, comme l'estime parfaitement Cassirer. Cette étude atteste encore que le temps est unifié en trois compartiments, à savoir le passé, le présent et le futur.

§ 1. Rapport espace-temps : le concept d'ordre et de relation

D'après Cassirer, les concepts de l'espace et du temps ont occupé une place prépondérante dans la construction du monde de la connaissance. Ces deux concepts ont joué un rôle on ne peut plus fondamental dans le développement historique et systématique des questions épistémologico-ontologiques. En outre, l'espace et le temps constituent ce que Cassirer appelle « les deux piliers fondamentaux qui supportent l'ensemble de l'architectonique de la connaissance et en assurent la cohésion »[343].

---

[343] E. Cassirer, « Espace mythique, espace esthétique et espace théorique », dans *Écrits sur l'art*, Paris, 1995, p. 101.

En outre, bien que la question de l'espace et du temps occupe le cœur du problème de la connaissance, elle demeure encore obscure. Comme on peut le constater, la théorie de la connaissance veut mesurer l'être dans toute sa globalité et son étendue. C'est ainsi que la question de l'espace-temps devient impérieuse pour l'acquisition de cette connaissance. À ce sujet, toute connaissance s'oriente dans la sphère spatio-temporelle. C'est pourquoi le problème de l'espace est abordé en premier lieu comme concept d'ordre. Dans ce sens, le concept d'ordre précède celui de l'être.

Ne perdons pas de vue que le point de départ de toute connaissance historique et scientifique était la métaphysique (science de l'être) : « le concept de l'être forme non seulement le commencement et le point de départ historique de la philosophie scientifique, mais il semble encore embrasser systématiquement la totalité de ses questions et réponses possibles »[344].

Cette priorité du concept d'être est due à la logique ancienne d'Aristote. Dans le contexte de cette logique, le concept d'être établit le lien entre la logique et la métaphysique. Pour Cassirer, cette problématique ne suffisait pas pour l'appliquer à la question de l'espace et du temps. Car l'espace a un autre type d'être. Les choses qu'il contient possèdent aussi un autre type d'espace. De là surgit alors une difficulté. Pour résorber cette difficulté, Cassirer estime que l'espace et le temps devraient suivre une voie différente et distincte de la catégorie de la substance. C'est le concept d'ordre de Leibniz qui lui permet de rétablir la performance. Notons que Leibniz, en tant que mathématicien et logicien, avait adopté la « théorie de la relation »[345]. Il s'ensuit que Cassirer récupère cette approche relationnelle et l'applique dans sa conception de l'espace et du temps.

Dans la section suivante, nous allons parcourir la tradition philosophique avec Cassirer et déceler les vrais problèmes qui ont émaillé la notion du temps.

---

[344] E. Cassirer, « Espace mythique, espace esthétique et espace théorique », dans *Écrits sur l'art*, p. 101.
[345] *Ibid.*

§ 2. Problème et arrière-fond historique dans la tradition philosophique

La définition du temps demeure énigmatique et paradoxale dans la tradition philosophico-scientifique. Plusieurs tentatives de réponses ont été révélées et toutes ont buté à des paradoxes et des énigmes en cherchant à donner son vrai sens au concept de temps. À la question « qu'est-ce que le temps ? » de nombreuses réponses sont possibles. Dans la perspective phénoménologique, le temps devient ce qui est lié à l'expérience propre du moi et demeure difficile à expliquer. Ce qui poussa saint Augustin à répondre à cette question en affirmant : « Si personne ne m'interroge, je le sais, et si je veux répondre, je l'ignore »[346]. Pour fonder sa théorie du temps, Cassirer s'est référé à Leibniz et à Kant. En fait, Cassirer constate avec amertume que toutes les études menées sur la notion du temps dans la tradition philosophique n'ont pas répondu avec satisfaction à leurs objectifs fixés *a priori*. Dans la *Philosophie des formes symboliques 3*, Cassirer a dressé une longue liste des échecs des différentes doctrines qui ont essayé de définir le temps.

En effet, il passe en revue ces conceptions en commençant par saint Augustin qui trouve des difficultés à associer le passé et le futur, c'est-à-dire le « n'est plus » et le « n'est pas encore ». Chez Leibniz, Cassirer constate que le problème se situe au niveau de la dialectique entre la conscience temporelle et la conscience du moi, chacune cherchant à conditionner l'autre. Chez les empiristes comme Hume, le temps n'est qu'une simple pluralité d'impressions sensibles. Chez Hobbes, à travers sa psychologie naturaliste, le temps est considéré comme étant la perception de la perception ou encore la perception au degré de puissance. Chez Bergson, Cassirer constate également qu'il n'a pas atteint ses objectifs fixés bien auparavant concernant la reconstruction unitaire du temps à travers le souvenir et la mémoire.

Par ailleurs, face à ce tableau sombre des conceptions de temps, Cassirer confirme l'hypothèse selon laquelle l'étude du temps est toujours marquée par un « caractère intrinsèquement antinomique du temps, dont

---

[346] Augustin d'Hippone, *Les confessions*, livre XI, chapitre XIV, Paris, Flammarion, 1964, p. 264.

l'être menace toujours, par quelque moyen que nous tentions de le saisir, de nous glisser entre les mains »[347]. Que faire alors, face à ce constat sombre observé dans la tradition philosophique ?

Rappelons que, dans une autre étude portant sur *espace mythique, espace esthétique et espace théorique*, que nous avons déjà évoquée, Cassirer montre clairement comment la question de l'espace et du temps a occupé une place prépondérante dans la construction du monde de la connaissance. Ces deux concepts ont joué un rôle on ne peut plus fondamental dans le développement historique et systématique des problèmes de la connaissance. Pour définir le temps, Cassirer s'appuie sur Leibniz en affirmant que le « temps est une forme générale de tout devenir comme ordre universel dans lequel chaque contenu de réalité est et reçoit une place précise »[348]. Ceci atteste que Cassirer projette la notion du temps dans une perspective de l'ordre, c'est-à-dire comme une succession des ordres en tant que relation issue de la théorie relationnelle de Leibniz. Ainsi, le temps ne peut pas se juxtaposer aux choses à la manière d'un être physique. Le temps, pour Cassirer, n'a pas d'« existence ni d'efficience »[349], mais il faut savoir que toutes les déterminations des choses se ramènent toujours à un devenir temporel. Pour mieux expliciter sa conception, Cassirer s'attache aussi à Kant. Pour évoquer dans ce sens le temps, il faut que l'esprit puisse unifier la multiplicité des événements en un système où, dans son intérieur, chaque événement se trouve soit avant soit après.

Cassirer, à cet effet, trouve encore le prestige de soutenir la théorie kantienne du schématisme contenue dans la *Critique de la raison pure*, où il affirme que « seul le schématisme propre au temps rend possible la forme de l'expérience objective elle-même »[350]. Par là, il reste fidèle à Kant en pensant que le temps constitue le corollaire de la détermination d'un objet en général, c'est-à-dire les « schèmes transcendantaux »[351]. D'après Kant et dans cette perspective, ces schèmes garantissent l'accord entre la sensibilité et l'entendement. Ils deviennent des déterminations *a priori* du temps selon les règles. En outre, ils déterminent la « série du temps, le

---

[347] E. Cassirer, *Philosophie des formes symboliques 3*, pp. 191-192.
[348] *Ibid.*, p. 187.
[349] *Ibid.*
[350] *Ibid.*, p. 198.
[351] *Ibid.*

contenu du temps, l'ordre du temps et l'ensemble du temps par rapport à tous les objets possibles »[352].

Toutefois, Cassirer réfute la conception kantienne selon laquelle le temps comme l'espace constituent les formes *a priori* de l'entendement. Pour lui, le temps est une forme relationnelle. C'est ici qu'il y a prise de distance entre Cassirer et Kant. Pour rappel, Cassirer estime que notre esprit a déjà formé en son sein une sorte de fonction d'espace qui est en relation avec notre intuition extérieure. C'est pourquoi il parle de fonction de spatialité que tout homme possède pour représenter un espace quelconque. Déjà en science, le temps s'aligne toujours à côté de l'espace. Ainsi, lorsqu'on évoque le temps, on ne peut pas se passer de l'espace. D'où la présence des concepts d'espace et de temps dans les conceptualisations des sciences exactes (mathématique, physique…). Cassirer constate encore que la notion du temps liée à celle de l'espace ne permet pas de saisir le temps en tant que devenir seul. Sur ce point, Cassirer recourt au mythe :

> « Atteindre à plus de profondeur que la langue, pouvoir séjourner dans la forme primitive du temps ; car il tient le monde pour un devenir incessant, non pour un être figé, pour une métamorphose toujours renouvelée, non pour une forme arrêtée et s'élève déjà à partir de cette conception maîtresse, jusqu'à une intuition du temps entièrement universelle[353]. »

Avec le mythe, le temps opère la distinction entre l'intuition de ce qui devient ou de ce qui est devenu et l'intuition du devenir elle-même. Il s'agit en réalité de soumettre cette notion à celle du destin. En tant que destin, le temps « n'est pas un simple filet idéel pour l'ordonnance de l'avant et de l'après mais c'est lui-même qui tisse le filet »[354]. Nonobstant le privilège accordé à la pensée mythique du temps, la place est encore cédée à la pensée théorique et, par là, un nouveau rapport du temps s'annonce : « Le concept mythique de commencement cède la place au concept de principe, dans la pure détermination conceptuelle duquel s'introduit d'abord, il est vrai, une intuition temporelle et concrète[355]. »

---

[352] E. Cassirer, *Philosophie des formes symboliques 3*, p. 198.
[353] *Ibid.*, p. 189.
[354] *Ibid.*
[355] E. Cassirer, *Philosophie des formes symboliques 3*, p. 190.

Ce point de vue entraîne la séparation entre l'être et le temps. L'être devient dans ce contexte directement intemporel. La notion de l'intemporalité ne permet pas de considérer le temps comme temps au sens substantiel mais plutôt comme un simple nom. Aussi, l'être ne peut pas être projeté dans l'avenir sinon il est simplement établi dans le présent. À cet effet, c'est le présent qui est plus important que les autres dimensions temporelles. De l'avis de Cassirer, « le passé est du "ne-plus", l'avenir n'est "pas-encore". Seul donc le présent, en qualité de milieu entre ce "pas-encore" et ce "ne-plus", semble pouvoir être retenu comme élément consistant du temps »[356].

Comment pouvons-nous comprendre ce temps présent en tant que milieu entre le passé et le futur ? Pour Cassirer, si l'on octroie au présent une extension finie, c'est-à-dire limitée, en ce moment, nous le considérons comme un « laps de temps et nous nous retrouvons aussitôt en face du même problème : il devient une multiplicité dont à chaque fois un moment unique existe et subsiste ; tandis que tous les autres anticipent l'être ou bien l'ont déjà laissé derrière eux »[357]. Dans ce sens, si nous comprenons le présent d'une manière strictement ponctuelle, il cesse d'être considéré comme isolé et cesse d'être un terme de la série du temps ; pour Cassirer, il tombe sous le coup de l'antique aporie de Zénon (Achille et la tortue). Il entraîne que la notion de l'instant du présent nous renvoie à deux ambiguïtés : « La première, c'est qu'on ne peut octroyer au présent une extension finie et la deuxième est qu'on ne peut pas comprendre l'instant du présent d'une manière ponctuelle[358]. »

Cette perspective permit à Cassirer de poser le problème de la mesure du temps. Pour lui, le problème de la mesure du temps reste le problème le plus important dans l'histoire de la philosophie. Cette problématique a préoccupé aussi saint Augustin. Se référant à la correspondance entre Leibniz et Clarke, Cassirer considère le temps dans toute sa détermination comme étant une relation et un ordre. Ce qui lui permettra de fonder sa propre théorie fonctionnelle du temps. Cassirer constate qu'à chaque fois que nous voulons aborder la problématique du temps dans la tradition philosophique, il y a toujours une dialectique qui engendre le débat.

---

[356] *Ibid.*, p. 191.
[357] *Ibid.*
[358] *Ibid.*

Pour éviter cette dialectique, Cassirer invite à abandonner la voie utilisée jusque-là pour aborder ce problème, c'est-à-dire abandonner la perspective ontologique, pour une phénoménologie de la conscience du moi[359].

Se référant à saint Augustin, Cassirer pense qu'on ne peut pas parler de la division du temps en présent, passé et futur. Pour lui, cette division perd son « caractère substantiel destiné à délimiter et à isoler chacun dans son en soi, trois modes hétérogènes de l'être pour ne plus concerner que notre savoir de la réalité phénoménale »[360]. Ainsi, cette subdivision du temps n'est pas à prendre comme une chose absolue, mais doit plutôt être considérée comme une conscience unitaire du « maintenant qui englobe trois grandes directions distinctes et qui ne se constitue que grâce à cette triade »[361].

Par ailleurs, Cassirer constate que toutes les conceptions au cours de l'histoire de la philosophie ont échoué et n'ont pas été capables de comprendre tant la saisie « symbolique du passé dans le présent que la prospection de l'avenir à partir du présent en les dérivant l'une et l'autre de lois causales de l'être et du devenir objectif »[362]. Il s'ensuit que le passé ne disparaît pas et s'attache toujours au présent. Cassirer éprouve lui-même la difficulté de sortir de cette impasse et affirme que, par le fait que le passé est toujours dans le présent, bien que nous considérions ce passé en tant qu'inexistant à l'intérieur de ce présent, il est difficile à la conscience de comprendre le passé en tant que « non-présent ». Une telle approche permet de créer la distance entre l'être et le temps.

§ 3. Approche fonctionnelle du temps

Pour Cassirer, du fait que la notion du temps doive être accommodée dans la pure conscience phénoménologique du moi, il n'est plus question de la diviser. Nous ne pouvons pas diviser la conscience du moi temporelle en compartiments différents. Il serait intéressant de considérer le temps dans son ensemble en tant qu'une seule entité. Dans *Essai sur*

---

[359] *Ibid.*
[360] *Ibid.*
[361] *Ibid.*, p. 193.
[362] *Ibid.*, p. 199.

l'homme, Cassirer projette le futur comme meilleur moment temporel puisque seul l'homme est capable de le projeter. Il parle alors de « futur symbolique »[363]. Pour ce faire, il s'appuie sur les travaux du psychologue allemand Hans Cornelius sur le problème de la conscience du souvenir. Dans cette perspective, il faut que ce qui est vécu dans le passé soit exprimé et vécu dans le présent du souvenir. Ce que Cassirer appelle la « fonction symbolique de l'expérience du souvenir »[364].

Toutefois, Cassirer plaide pour l'unité du temps. Pour lui, il faut rassembler en une seule unité tous les échelons temporels. Il s'agit en outre de réunir le présent, le passé et le futur en une seule unité de temps. L'instance habilitée à réaliser un tel travail, c'est l'esprit à travers la conscience du moi. Cassirer interdit en même temps toute tendance à isoler ou à particulariser une détermination temporelle. Dans son innovation et son originalité, il recourt à la théorie fonctionnelle de la connaissance. Celle-ci est une théorie symbolique qui abandonne toute perspective substantialiste ou chosiste pour s'attacher à une approche fonctionnelle ou encore, relationnelle et unitaire.

Pour éviter toute tendance à la division issue de la métaphysique substantielle, Cassirer plaide pour une approche de l'unité dans la totalité. Ainsi, le temps est « un » mais avec trois ramifications : « on prend le temps pour une unité fonctionnelle et non pour une unité substantielle, pour une fonction de représentation impliquant un triple sens directionnel, on ne peut dissocier aucun de ses moments de leur association globale sans supprimer par là la totalité du temps »[365]. De là suit que l'approche fonctionnelle de Cassirer est conciliante puisque l'unité dont il est question ici est d'abord l'unité de l'esprit. La conscience du moi est une et doit viser une perspective unitaire temporelle. Une telle perspective permet de confirmer l'approche de la symbolicité en tant que théorie unitaire et conciliante de la connaissance. Constatant les difficultés qu'ont rencontrées plusieurs penseurs, Cassirer propose une voie qui recadre toutes les tendances en une seule unité. Par sa théorie de la symbolicité, qui conduit à la fonctionnalité, Cassirer serait le premier philosophe de son temps à orienter sa pensée dans cette perspective conciliante. Le savant

---

[363] E. Cassirer, *Essai sur l'homme*, p. 81.
[364] E. Cassirer, *Philosophie des formes symboliques 3*, p. 205.
[365] *Ibid.*, p. 213.

de Marbourg offre une perspective épistémologique à la fois unifiante et appelle au dialogue entre savants et philosophes. Sur ce point, Cassirer a innové et la question du temps a trouvé mille chemins à la suite de son explication.

Conclusion générale

Au terme de cette étude, le moment est venu de jeter un regard rétrospectif, voire synthétique, sur l'ensemble du travail. Pour l'essentiel, notre préoccupation principale a consisté à montrer l'originalité et l'innovation cassirerienne quant aux concepts d'espace et de temps. Nous sommes partis d'un constat selon lequel, parmi les questions qui préoccupent la théorie de la connaissance, celle de l'espace-temps demeure problématique. Du point de vue cosmologico-physique, l'espace est le lieu qui nous abrite et où est fixée la sphère terrestre. Du point de vue psychologique et phénoménologique, l'espace est créé par l'esprit du sujet connaissant à partir des modèles et des matériaux qu'il observe dans la nature. C'est sur base de cette opinion que Poincaré soutenait l'idée d'un espace géométrique créé à partir des idées d'imperfections des objets constatés dans la nature, et donc que l'espace géométrique est conventionnel. Ainsi, la question de l'espace est très vaste et multisectorielle. Raison pour laquelle, nous avons abordé l'aspect cosmologique et l'aspect mathématique en adoptant une structure tripartite.

Dans le premier chapitre, il a été question d'étayer l'histoire de la géométrie depuis Euclide jusqu'à la naissance des géométries non euclidiennes. La géométrie ancienne jouissait d'une renommée rationaliste à telle enseigne qu'elle a été considérée comme une référence de l'académie platonicienne. Au XIXe siècle, avec l'avènement des géométries qualifiées d'espaces non euclidiens, ces nouveaux espaces ont suscité des problèmes non seulement d'ordre épistémologique mais aussi d'ordre ontologique. Les philosophes soutiennent une approche métaphysique de l'espace en se basant sur les Éléments d'Euclide où la géométrie était indivisible. Les mathématiciens, à l'instar de Félix Klein, considèrent que toutes les géométries se valent du point de vue de leur vérité et de leur objectivité à partir de la théorie des groupes de transformation.

Dans le deuxième chapitre, nous nous sommes assigné comme principale tâche de relever l'originalité et l'innovation de Cassirer quant au concept de l'espace et avons relevé que sa conception est multidimensionnelle – ce qui fait son originalité et son innovation. Il en résulte que Cassirer demeure plus un néo-leibnizien et un kleinien.

Dans le troisième chapitre, nous avons analysé le concept du temps chez Cassirer et avons montré que l'espace et le temps entretiennent toujours un rapport épistémologique et ontologique dans la construction de l'édifice du monde. Nous avons illustré ce rapport dans le contexte d'une philosophie qui se veut conciliante et unificatrice. Le rapport que l'espace et le temps entretiennent dans la perspective épistémologique est d'ordre relationnel et fonctionnel.

Nous sommes conscient que nous n'avons pas tout dit de la notion de l'espace et du temps dans la philosophie d'Ernst Cassirer. Nous nous sommes aussi gardé de prendre ici une distance critique vis-à-vis de Cassirer, car notre objectif était avant tout de vulgariser la pensée de ce philosophe allemand en nous référant à la lecture de quelques-uns de ses principaux textes.

Bibliographie

Ouvrages de Cassirer

Cassirer, E., *Leibniz' System in seinem wissenschaftlichen Grundlagen*, Marbourg, Meiner, 1902.

Cassirer, E., *Le problème de la connaissance dans la philosophie du temps moderne*. Tome 1. *De Nicolas de Cues à Bayle* (1906). Traduit de l'allemand par R. Fréreux, Paris, Cerf, 1991.

Cassirer, E., *Le problème de la connaissance dans la philosophie du temps moderne*. Tome 2. *De Bacon à Kant* (1907). Traduit de l'allemand par R. Fréreux, Paris, Cerf, 2005.

Cassirer, E., *Substance et fonction. Éléments pour une théorie du concept* (1910). Traduit de l'allemand par P. Causat, Paris, Minuit, 1971.

Cassirer, E., *Le problème de la connaissance dans la philosophie du temps moderne*. Tome 3. *Les systèmes post-kantiens* (1920). Traduit de l'allemand à l'initiative du collège de philosophie, Lille, Presses universitaires de Lille, 1983.

Cassirer, E., *La théorie de la relativité d'Einstein. Éléments pour une théorie de la connaissance* (1921). Traduit de l'allemand par J. Seidengart. Paris, Cerf, 2000.

Cassirer, E., *La philosophie des formes symboliques*. Tome 1. *Le langage* (1923). Traduit de l'allemand par O. Hansen-Love et J. Lacoste, Paris, Minuit, 1972.

Cassirer, E., *Écrits sur l'art* (1924). Traduit de l'allemand par C. Berner, F. Capeilleres, J. Carro et J. Gaubert, Paris, Cerf, 1995.

Cassirer, E., *La philosophie des formes symboliques*. Tome 2. *La pensée mythique* (1925). Traduit de l'allemand par J. Lacoste, Paris, Minuit, 1972.

Cassirer, E., *Trois essais sur le symbolique* (1929). Traduit de l'allemand par J. Carro et J. Gaubert, Paris, Cerf, 1997.

Cassirer, E., *La philosophie des formes symboliques*. Tome 3. *La phénoménologie de la connaissance* (1929). Traduit de l'allemand par C. Fronty, Paris, Minuit, 1972.

Cassirer, E., *Determinism and indeterminism in modern physics: historial and systematic studies of the problem of causality* (1936), New Haven-London, Yale University Press-Geoffrey Cumberlege 1956.

Cassirer, E., *Logique des sciences de la culture* (1942). Traduit de l'allemand par J. Carro avec la collaboration de J. Gaubert, Paris, Cerf, 1991.

Cassirer, E., *Essai sur l'homme* (1944). Traduit de l'anglais par N. Massa, Paris, Minuit, 1975.

Cassirer, E., *Le problème de la connaissance dans la philosophie du temps moderne*. Tome 4. *De la mort de Hegel aux temps présents* (1950, posthume). Traduit de l'allemand par J. Gaubert, Paris, Cerf, 1991.

Cassirer, E, Cohen, H et Natorp, P., *L'École de Marbourg*. Traduit de l'allemand et de l'anglais par C. Berner, F. Capeilleres, M. de Launay, C. Prompsy, I. Thomas-Fogiel, Paris, Cerf, 1998.

Cassirer, E., *Rousseau, Kant, Goethe. Deux essais*. Paris, Belin, 1991.

Cassirer, E., *Nachgelassene Manuskripte und Texte*. Band 1. *Zur Metaphysik der symbolischen Formen*. Hamburger, Meiner, 1995.

Articles de Cassirer

Cassirer, E., « Kant und die modern Mathematik (Mit Bezug auf Bertrand Russell und Louis Couturats) », *Kant-Studien*, vol. 12, 1902, pp. 1-49.

Cassirer, E., « Le concept de groupe et la théorie de la perception », *Journal de psychologie normale et pathologique*, n° 35, 1938, pp. 368-414.

Cassirer, E., « L'influence du langage sur le développement de la pensée dans les sciences de la nature », *Journal de psychologie normale et pathologique*, vol. 39, 1946, pp. 129-52.

Cassirer, E., « Le langage et la construction du monde des objets », dans J.-L. Pariente (dir.), *Essais sur le langage*, Paris, Minuit, 1969, pp. 1-27.

Ouvrages sur Cassirer

Biagioli, F., *Space, Number and Geometry from Helmholtz to Cassirer*, Turin, Springer, 2016.

Ferrari, M., *Introduction au néocriticisme*, Paris, Cerf, 2001.

Feron, O., *Finitude et sensibilité dans la philosophie d'Ernst Cassirer*, Paris, Kimé, 1997.

Ibongu, G., *Épistémologie de la physique. Trois essais sur Wittgenstein, Cassirer et Einstein*, Kinshasa, Noraf, 2008.

Ibongu, G., *Cassirer's Structural Realism*, Berlin, Logos, 2011.

Ihmig, K. N., *Cassirers Invariantentheorie der Erfahrung und seine Rezeption des « Erlanger Programms »*. Cassirer-Studien, Bd 2, Hamburg, 1997.

Janz, N. (dir.), *Cassirer 1945-1995. Science et culture*. Actes du colloque international, Lausanne, Université de Lausanne du 2 au 3 juin 1995.

Lassègue, J., *Cassirer. Du transcendantal au sémiotique*, Paris, Vrin, 2016.

Lofts, S., *La vie de l'esprit. Essai sur l'unité systématique de la philosophie de formes symboliques et de la culture*, Paris, Peeters-Vrin, 1997.

Panofsky, E., *La perspective comme forme symbolique*, Paris, Minuit, 1976.

Pariente, J.-C., *Essais sur le langage*, Paris, Minuit, 1969.

Philonenko, A., *L'école de Marbourg : Cohen, Natorp, Cassirer*, Paris, Vrin, 1989.

Seidengart, J., *Ernst Cassirer de Marbourg à New York. L'itinéraire philosophique.* Actes du colloque de Nanterre du 12 au 14 octobre 1988, Paris, Cerf, 1990.

Van Uliet, M., *Ernst Cassirer et l'art comme forme symbolique*, Rennes, Presses universitaires de Rennes, 2010.

Articles et œuvres sur Cassirer

Ferrari. M., « La philosophie de l'espace chez Cassirer », *Revue de métaphysique et de morale*, vol. 96, 1992, n° 4, pp. 479-491.

Fronty, C., « La philosophie du langage chez Ernst Cassirer et problème du langage comme institution », *Psychologie et éducation*, 1977, pp. 57-64.

Janz, N., *Globus symbolicus. La philosophie d'Ernst Cassirer : un épistémologue de la troisième voie ?*, Paris, Kimé, 2001.

Janz, N., « À propos d'un inédit d'Ernst Cassirer : une esquisse du quatrième volume de la philosophie des formes symboliques ? », *Revue de théologie et de philosophie*, vol. 128, 1996, p. 149-160.

Kalombo Mbuyamba, M.-T., *La symbolicité comme voie de résolution de la crise des fondements des mathématiques selon Ernst Cassirer. Prolégomènes à une épistémologie de l'ouverture* (Thèse de doctorat en philosophie), Presses de l'Université Catholique du Congo/PUCC-RDC, septembre 2018.

Kalombo Mbuyamba, M.-T., « Ernst Cassirer et le débat sur la crise des fondements des mathématiques. Cas de la théorie des ensembles », *Revue interdisciplinaire USAWA* (Association des moralistes congolais/Kinshasa-RDC), Nouvelle série n° 37, novembre 2018, pp. 45-63.

Kalombo Mbuyamba, M.-T., « Crise des fondements dans la théorie des ensembles et perspectives d'une épistémologie de l'ouverture », Presses de l'Université Catholique du Congo PUCC/NORAF, coll. « Recherches scientifiques africaines », n° 2, juillet 2019, pp. 351-388.

Kalombo Mbuyamba, M.-T., « Prolégomènes à une épistémologie de l'ouverture : la fonction mathématique d'Ernst Cassirer comme paradigme », *Revue philosophique de Kinshasa*, nouvelle série, vol. 3. (*Science et Culture* : Mélanges à l'honneur du Professeur Akenda Kapumba Jean-Chrysostome), février 2020, pp. 49-67.

Lofts, S., « Une nouvelle approche de la philosophie d'Ernst Cassirer (note critique) », *Revue philosophique de Louvain*, n° 88, 1992, pp. 523-538.

Seidengart, J., « Cassirer et les mathématiques », dans E. Barbin (dir.), *Les philosophes et les mathématiques*, Paris, Ellipses, 1996, pp. 227-242.

Sczeciniarz, J.-J., « Les difficultés d'une philosophie des mathématiques chez Ernst Cassirer », dans *Ernst Cassirer. De Marbourg à New York*. Actes du colloque de Nanterre du 12 au 14 octobre 1988, 1990, pp. 142-158.

Ouvrages complémentaires

Abel, J., *De l'univers infini à l'univers inimaginable. De Newton à la physique quantique*, Paris, Media Sèvres, 1990.

Amy, D.-D., *Une histoire des mathématiques : routes et dédales*, Paris, Seuil, 1986.

Aristote, *Physique*. Texte établi et traduit par H. Carteron, Paris, Les Belles Lettres, 1986.

Aristote, *Les seconds analytiques*, Paris, Flammarion, 2005.

Augustin (Saint), *Les confessions*, Paris, Flammarion, 1993.

Bachelard, G., *Le nouvel esprit scientifique*, Paris, PUF, 1995.

Bachelet, B., *L'espace*, Paris, PUF, 1998.

Barbin, E., *Les philosophes et les mathématiques*, Paris, Ellipses, 1996.

Barreau, H., *L'épistémologie*, Paris, PUF, 1990.

Baufret, J., *Le fondement philosophique des mathématiques : conférences à l'école normale supérieure (1979-1981)*, Paris, Seuil, 2011.

Bell, E.-T., *Les grands mathématiciens*, Paris, Payot, 1950.

Berner, C. et Capeilleres, F., *Kant et les kantismes dans la philosophie contemporaine 1808-2004*. Villeneuve, Presses universitaires du Septentrion, 2007.

Bindungwa, M., *Une histoire de la pensée de la relativité. Des Grecs antiques à Albert Einstein*, Kinshasa, Mediaspaul, 2011.

Brunschvicg, L., *Les étapes de la philosophie mathématique*, Paris, PUF, 1947.

Cartan, E., *Leçons sur la géométrie projective complexe*, Paris, Gabay, 2000.

Chasles, C., *Aperçu historique sur l'origine et le développement des méthodes en géométries*, Paris, Hachette, 2016.

Chevalier, D., *Introduction à la théorie des groupes de Lie-réels*, Paris, Ellipses, 2006.

Cohen, H., *Le principe de la méthode infinitésimale et son histoire*. Traduit et annoté par M. de Launay, Paris, Vrin, 1999.

Cohen, H., *Commentaire de la critique de la raison pure de Kant*, Paris, Cerf, 2000.

Cohen, H., *Théorie kantienne de l'expérience*. Traduit de l'allemand par É. Dufour et J. Servois. Paris, Cerf, 2001.

Colerus, E., *De Pythagore à Hilbert. Les époques de la mathématique et leurs maîtres*, Paris, Flammarion, 1943.

Collectif, *Les mathématiciens : de l'Antiquité au XXIe siècle*, Paris, Éditeur pour la science, 2010.

Duvillie, B., *L'émergence des mathématiques*, Paris, Ellipses, 2000.

Einstein, A., *La théorie de la relativité restreinte et générale (exposé élémentaire)*. Traduit de l'allemand par M. Solovine, Paris, Gauthier-Villard, 1954.

Escofier, J.-P., *Histoire des mathématiques*, Paris, Dunod, 2008.

Euclide, *Les œuvres d'Euclide. Les Éléments*. Traduit par F. Peyrard, Paris, Albert Blanchard, 1966.

Flament, D. (dir.), *Histoire de géométries*, Paris, Maison des sciences de l'homme, 1998.

Giusti, E., *La naissance des objets mathématiques*, Paris, Ellipses, 2000.

Granger, G. G., *La pensée de l'espace*, Paris, Odile Jacob, 1999.

Hawking, S., *Et Dieu créa les nombres. Les plus grands textes de mathématiques*, Paris, Dunod, 2006.

Humboldt, H. von, *Introduction à l'œuvre sur le Kavi et autres essais*. Traduit et introduit par P. Caussat, Paris, Seuil, 1974.

Jammer, M., *Concepts d'espace. Une histoire des théories de l'espace en physique*. Traduit par L. Mayet et I. Smadja, Paris, Vrin, 2008.

Kant E., *Critique de la raison pure*. Traduction et notes de A. Tremesaygues et B. Pacaud, préface de C. Serrus (7e éd.). Paris, PUF, 2008.

Kant, E., *Œuvres philosophiques 1*, Paris, Gallimard, 1983.

Klein, F., *Le programme d'Erlangen. Considérations comparatives sur les recherches géométriques modernes*, Paris, Gabay, 1991.

Klein, F., *Leçons sur certaines questions de géométrie élémentaire*, Paris, Diderot Multimedia, 1999.

Klein, F., *Lectures on mathematics*, New York, American Mathematical Society, 2000.

Klein, F., *Elementary mathematics from an advanced*, New York, Dover, 2004.

Kloeckner, B., *Un bref aperçu de la géométrie projective*, Paris, Calvage et Mounet, 2012.

Kouneicher, J., *Géométrie au XXe siècle 1930-2000*, Paris, Hermann, 2005.

Lurçat, F., *L'autorité de la science. Neurosciences. Espace et temps, chaos. Cosmologie*, Paris, Cerf, 1995.

Milhaud, G., *Les philosophes géomètres de la Grèce*, Paris, Vrin, 1934.

Nikseresht, I., *Kant et la possibilité des jugements synthétiques a priori*, Paris, PUF, 2011.

Platon, *Œuvres complètes*. Tome 2, Paris, Gallimard, 1977.

Poincaré, H., *Science et hypothèse*, Paris, Flammarion, 1968.

Riemann, B., *Œuvres mathématiques de Riemann*, Paris, Gauthier-Villard, 1898.

Serres, M., *Les origines de la géométrie*, Paris, Flammarion, 1993.

Schiller., *Lettres sur l'éducation esthétique de l'homme*, Paris, Aubier-Montaigne, 1992.

Spinoza, B., *Éthique démontrée suivant l'ordre géométrique et divisée en cinq parties*, Paris, Flammarion, 1965.

Table des matières

Préface 9
Avant-propos 19

Premier chapitre
Naissance des géométries non euclidiennes et problème du fondement de l'espace 25

§ 1. De la géométrie égyptienne à la conceptualisation grecque : le primat de mesure de l'espace 26

§ 2. Les géométries non euclidiennes et problème du fondement de l'espace : justification historico-philosophique..28

§ 3. Les nouvelles géométries : de Gauss à Riemann...............33

§ 4. L'unité des géométries : entre continuité et réciprocité, Beltrami, Klein, Cassirer, Hilbert et Poincaré..........................41

§ 5. Problématique de l'expérience (empirie) en géométrie 44

§ 6. Problématique de la métagéométrie/pluralité d'espaces 56

§ 7. Rapport espace géométrique et physique 62

§ 8. Rapport espace géométrique et espace de la perception chez Cassirer 67
§ 9. L'espace comme lieu et étendue dans la tradition rationaliste et empiriste 68
§ 10. Perspectives cassireriennes de l'espace géométrique.......75
Conclusion..................78

Deuxième chapitre
L'espace dans l'architectonique des formes symboliques d'Ernst Cassirer   79
§ 1. Sources cassireriennes du concept d'espace 81
§ 2. Le primat de l'ordre et de la relation de l'espace chez Cassirer..................91
§ 3. Éléments de pluralité d'espace cassirerien..................97
Conclusion..................124

Troisième chapitre
Esquisse d'une philosophie du temps chez Ernst Cassirer   125
§ 1. Rapport espace-temps : le concept d'ordre et de relation..................125
§ 2. Problème et arrière-fond historique dans la tradition philosophique 127
§ 3. Approche fonctionnelle du temps 131

Conclusion générale   135

Bibliographie   137
Ouvrages de Cassirer..................137
Articles de Cassirer..................139
Ouvrages sur Cassirer..................139
Articles et œuvres sur Cassirer..................140
Ouvrages complémentaires..................141